앤줌마의 기도

기도는 능력입니다

앤줌마의 기도
기도는 능력입니다

초판 1쇄 발행 2023년 6월 13일

지은이 앤줌마
펴낸이 장길수
펴낸곳 지식과감성#
출판등록 제2012-000081호

교정 한장희
디자인 서혜인, 정한나
편집 정한나
검수 이주연, 정윤솔
마케팅 정연우

주소 서울시 금천구 벚꽃로298 대륭포스트타워6차 1212호
전화 070-4651-3730~4
팩스 070-4325-7006
이메일 ksbookup@naver.com
홈페이지 www.knsbookup.com

ISBN 979-11-392-1127-6(03230)
값 16,000원

- 이 책의 판권은 지은이에게 있습니다.
- 이 책 내용의 전부 또는 일부를 재사용하려면 반드시 지은이의 서면 동의를 받아야 합니다.
- 잘못된 책은 구입하신 곳에서 바꾸어 드립니다.

지식과감성#
홈페이지 바로가기

앤줌마의 기도

기도는 능력입니다

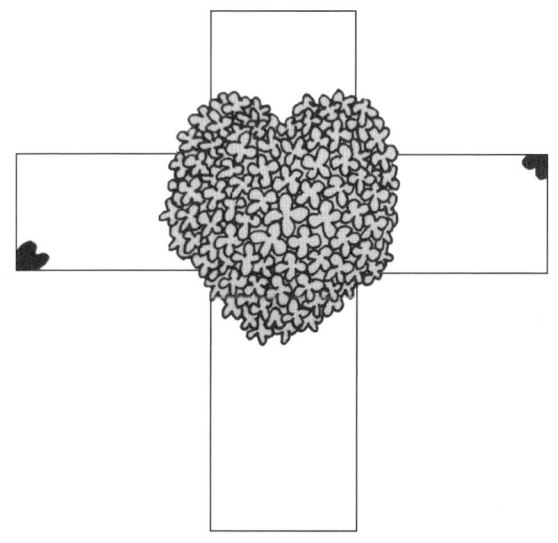

앤줌마 글·그림 지음

빨강 머리 앤줌마의 봄
앤줌마 지음 | 236쪽 | 13,800원

**이제 나는 인생의 봄을 만났다.
노을을 보며 가야 하는 나이에 마른 가지를 뚫고 나온
보드라운 이파리 같은 삶의 시간을 마주하고 섰다.**

수없이 도리질하고서 눈을 감아 버렸지만 체면도 없이 찾아오는 꿈을 밀어내기에는 이미 나의 마음이 변하여 버렸다. 많은 사람들이 꿈을 향하여 달려가는 길목으로 나도 가슴을 활짝 펴고 몸을 앞으로 들이밀며 꿈을 만나러 갈 채비를 꾸린다. 들뜬 마음을 주머니 속에서 꺼내어 거울처럼 들여다보며 천천히 느린 걸음으로 가려 한다. 오랜 세월을 묻어 두었던 꿈이기에 예의를 갖추어 손바닥에 내려앉은 햇살과 입가에 번지는 미소를 바람에 실어 먼저 보내고 나도 꿈을 따라 길을 나선다.

지은이
앤줌마 (1959년생)

스물에 하나님을 만나다.
십자가의 사랑과 은혜는
내 젊었던
삶의 힘이었고
노래였다.

노을이 익어 오는 저녁에서도
주님으로 인하여 기뻐하고
주님이 주인 된 시간을 마주하며
뜨거운
사랑의 삶을 살고 싶다.

benjamin59@naver.com

목차

프롤로그 17
기도 책 활용법 19

사랑

WEEK 1.
풀은 마르고 꽃은 시드나 우리 하나님의 말씀은 영원히 서리라 하라 (이사야 40장 8절)

- 월. † 내가 네 허물을 (사 44:22) ········· 22
- 화. † 주께 힘을 얻고 (시 84:51) ········· 23
- 수. † 만민이 각각 (미 4:5) ········· 24
- 목. † 여인이 어찌 (사 49:15) ········· 25
- 금. † 마땅히 행할 길을 (잠 22:6) ········· 26
- 토. † 그러므로 누구든지 (마 18:4) ········· 27

WEEK 2.
너희가 거듭난 것은 썩어질 씨로 된 것이 아니요 썩지 아니할 씨로 된 것이니 살아 있고 항상 있는 하나님의 말씀으로 되었느니라 (베드로전서 1장 23절)

- 월. † 오직 나와 내 집은 (수 24:15) ········· 30
- 화. † 그를 높이라 그리하면 (잠 4:8) ········· 31
- 수. † 주께서 심지가 견고한 자를 (사 26:3) ········· 32
- 목. † 하나님을 가까이하라 (약 4:8) ········· 33
- 금. † 여호와여 우리에게 은혜를 (사 33:2) ········· 34
- 토. † 두세 사람이 내 이름으로 (마 18:20) ········· 35

WEEK 3.
그는 너희보다 먼저 그 길을 가시며 장막 칠 곳을 찾으시고 밤에는 불로, 낮에는 구름으로 너희가 갈 길을 지시하신 자이시니라 (신명기 1장 33절)

월. † 즐거워하는 자들과 (롬 12:15)	38
화. † 그러나 내가 나 된 것은 (고전 15:10)	39
수. † 구하라 그리하면 (마 7:7)	40
목. † 땅에 있는 성도들은 (시 16:3)	41
금. † 너희가 내 안에 거하고 (요 15:7)	42
토. † 여호와의 인자와 긍휼이 (애 3:22~23)	43

WEEK 4.
그런즉 믿음, 소망, 사랑, 이 세 가지는 항상 있을 것인데 그 중의 제일은 사랑이라 (고린도전서 13장 13절)

월. † 하나님이여 사슴이 (시 42:1)	46
화. † 그들이 부르기 전에 (사 65:24)	47
수. † 하늘은 기뻐하고 (대상 16:31)	48
목. † 주의 백성을 구원하시며 (시 28:9)	49
금. † 내 걸음을 넓게 하셨고 (삼하 22:37)	50
토. † 시험에 들지 않게 (마 26:41)	51

WEEK 5.
여호와께서 사람의 걸음을 정하시고 그의 길을 기뻐하시나니 그는 넘어지나 아주 엎드러지지 아니함은 여호와께서 그의 손으로 붙드심이로다 (시편 37편 23~24절)

월. † 여호와와 그의 (대상 16:11)	54
화. † 우리가 이 보배를 (고후 4:7)	55
수. † 내 눈을 돌이켜 (시 119:37)	56

목. † 하나님이여 내 마음이 (시 57:7) ········· 57
금. † 보라 하나님은 나의 구원이시라 (사 12:2) ········· 58
토. † 무릇 징계가 당시에는 (히 12:11) ········· 59

2부

복음

WEEK 6.
서로 친절하게 하며 불쌍히 여기며 서로 용서하기를 하나님이 그리스도 안에서 너희를 용서하심과 같이 하라 (에베소서 4장 32절)

월. † 이 말씀을 하시고 (요 20:22) ········· 64
화. † 우리가 알거니와 (롬 8:28) ········· 65
수. † 우리에게 승리를 주시는 (고전 15:57) ········· 66
목. † 아버지께서 내게 (요 17:4) ········· 67
금. † 네 평생에 너를 (수 1:5) ········· 68
토. † 묵시가 없으면 (잠 29:18) ········· 69

WEEK 7.
모이기를 폐하는 어떤 사람들의 습관과 같이 하지 말고 오직 권하여 그날이 가까움을 볼수록 더욱 그리하자 (히브리서 10장 25절)

월. † 구원은 여호와께 (시 3:8) ········· 72
화. † 사자가 이르시되 그 아이에게 (창 22:12) ········· 73
수. † 여호와께서 용사같이 (사 42:13) ········· 74
목. † 네 짐을 여호와께 맡기라 (시 55:22) ········· 75
금. † 너희는 믿음 안에 있는가 (고후 13:5) ········· 76
토. † 하나님의 말씀과 기도로 (딤전 4:5) ········· 77

WEEK 8.
야곱아 너를 창조하신 여호와께서 지금 말씀하시느니라 이스라엘아 너를 지으신 이가 말씀하시느니라 너는 두려워하지 말라 내가 너를 구속하였고 내가 너를 지명하여 불렀나니 너는 내 것이라 (이사야 43장 1절)

- **월.** † 너희가 전에는 어둠이더니 (엡 5:8) ········· 80
- **화.** † 하나님께서 구하시는 (시 51:17) ········· 81
- **수.** † 이로써 그리스도를 (롬 14:18) ········· 82
- **목.** † 내가 노래로 (시 69:30) ········· 83
- **금.** † 너의 행사를 여호와께 (잠 16:3) ········· 84
- **토.** † 내가 나의 목소리로 (시 3:4) ········· 85

WEEK 9.
하나님은 한 분이시요 또 하나님과 사람 사이에 중보자도 한 분이시니 곧 사람이신 그리스도 예수라 (디모데전서 2장 5절)

- **월.** † 너희 믿음이 (고전 2:5) ········· 88
- **화.** † 내가 하나님을 의지하여 (시 56:10) ········· 89
- **수.** † 그의 성령을 우리에게 (요일 4:13) ········· 90
- **목.** † 어떤 사람에게는 (고전 12:8) ········· 91
- **금.** † 누구든지 주의 이름을 (롬 10:13) ········· 92
- **토.** † 내 영혼이 내 속에서 (욘 2:7) ········· 93

WEEK 10.
그들에게 이르기를 여호와의 말씀에 내 삶을 두고 맹세하노라 너희 말이 내 귀에 들린 대로 내가 너희에게 행하리니 (민수기 14장 28절)

- **월.** † 나의 하나님이여 (시 40:8) ········· 96
- **화.** † 나로 말미암아 (갈 1:24) ········· 97
- **수.** † 오직 주의 율법을 (시 1:2) ········· 98
- **목.** † 사람이 마음으로 (잠 16:9) ········· 99
- **금.** † 여호와여 주의 긍휼을 (시 40:11) ········· 100
- **토.** † 깊도다 (롬 11:33) ········· 101

믿음

WEEK 11.
네가 가는 모든 곳에서 내가 너와 함께 있어 네 모든 원수를 네 앞에서 멸하였은즉 땅에서 위대한 자들의 이름 같이 네 이름을 위대하게 만들어 주리라 (사무엘하 7장 9절)

- 월. † 너희는 귀를 기울여 (사 28:23) ········· 106
- 화. † 자기의 계획을 (사 29:15) ············ 107
- 수. † 여호와께서 자기 백성의 (사 30:26) ······ 108
- 목. † 강하고 담대하라 (수 1:9) ············· 109
- 금. † 여호와께서 자기 백성에게 (시 29:11) ····· 110
- 토. † 여호와와 그의 능력을 (대상 16:11) ······· 111

WEEK 12.
여호와의 말씀은 순결함이여 흙 도가니에 일곱 번 단련한 은 같도다 (시편 12편 6절)

- 월. † 주께 힘을 얻고 (시 84:5) ············· 114
- 화. † 우리 주 예수 (엡 6:24) ·············· 115
- 수. † 그러므로 내가 (고후 12:10) ··········· 116
- 목. † 여호와여 내가 (시 26:8) ·············· 117
- 금. † 오직 하나님의 성령으로 (고전 2:10) ······ 118
- 토. † 나 곧 나는 여호와라 (사 43:11) ········· 119

WEEK 13.
빛 가운데 있다 하면서 그 형제를 미워하는 자는 지금까지 어둠에 있는 자요 (요한일서 2장 9절)

월. † 이 말씀은 나의 (시 119:50) ·················· 122
화. † 사람이 여호와의 구원을 (애 3:26) ·················· 123
수. † 나는 오직 주의 (시 13:5) ·················· 124
목. † 참빛 곧 세상에 와서 (요 1:9) ·················· 125
금. † 하나님 우리 아버지와 (엡 1:2) ·················· 126
토. † 나 곧 내 영혼은 (시 130:5) ·················· 127

WEEK 14.
일어나라 빛을 발하라 이는 네 빛이 이르렀고 여호와의 영광이 네 위에 임하였음이니라 (이사야 60장 1절)

월. † 나로 말미암아 (갈 1:24) ·················· 130
화. † 푯대를 향하여 (빌 3:14) ·················· 131
수. † 주는 나의 하나님이시니 (시 143:10) ·················· 132
목. † 내가 내게 있는 (고전 13:3) ·················· 133
금. † 나는 여호와를 향하여 (시 91:2) ·················· 134
토. † 그러나 주께 피하는 (시 5:11) ·················· 135

WEEK 15.
믿음은 바라는 것들의 실상이요 보이지 않는 것들의 증거니 (히브리서 11장 1절)

월. † 하나님께서 (고후 4:6) ·················· 138
화. † 그의 성호를 자랑하라 (대상 16:10) ·················· 139
수. † 믿음이 없이는 (히 11:6) ·················· 140
목. † 너는 그들 때문에 (렘 1:8) ·················· 142
금. † 오직 내가 이것을 (렘 7:23) ·················· 143
토. † 너의 하나님 여호와가 (습 3:17) ·················· 144

4부

능력

WEEK 16.
오직 사랑 안에서 참된 것을 하여 범사에 그에게까지 자랄지라 그는 머리니 곧 그리스도라 (에베소서 4장 15절)

월. † 모든 것이 하나님께로 (고후 5:18) ········· 148
화. † 네가 네 손이 (시 128:2) ········· 149
수. † 주께서 생명의 길을 (시 16:11) ········· 150
목. † 내가 거룩하니 (벧전 1:16) ········· 151
금. † 내게 줄로 재어 준 구역은 (시 16:6) ········· 152
토. † 나는 항상 소망을 품고 (시 71:14) ········· 153

WEEK 17.
이는 내게 사는 것이 그리스도니 죽는 것도 유익함이라 (빌립보서 1장 21절)

월. † 너희는 내가 (요 15:14) ········· 156
화. † 하나님은 나를 돕는 (시 54:4) ········· 157
수. † 가난한 자를 (잠 19:17) ········· 158
목. † 내가 그들에게 (겔 11:19) ········· 159
금. † 마음을 같이하여 (빌 2:2) ········· 160
토. † 네 마음을 다하고 (마 22:37) ········· 161

WEEK 18.
내가 복음을 부끄러워하지 아니하노니 이 복음은 모든 믿는 자에게 구원을 주시는 하나님의 능력이 됨이라 먼저는 유대인에게요 그리고 헬라인에게로다 (로마서 1장 16절)

월. † 그는 우리 영혼을 (시 66:9)	164
화. † 너희는 가만히 있어 (시 46:10)	165
수. † 시험에 들지 않게 (마 26:41)	166
목. † 나를 사랑하는 자들이 (잠 8:17)	167
금. † 일의 결국을 다 들었으니 (전 12:13)	168
토. † 또 청결하고 정직하면 (욥 8:6)	169

WEEK 19.
그러므로 하나님의 능하신 손 아래에서 겸손하라 때가 되면 너희를 높이시리라 (베드로전서 5장 6절)

월. † 내가 진실로 (마 19:23)	172
화. † 여호와를 경외하며 (시 128:1)	173
수. † 육신의 생각은 사망이요 (롬 8:6)	174
목. † 여호와를 따르는 (삼상 12:20)	175
금. † 이 세상도 (요일 2:17)	176
토. † 그를 향하여 (요일 5:14)	177

WEEK 20.
내 평생에 선하심과 인자하심이 반드시 나를 따르리니 내가 여호와의 집에 영원히 살리로다 (시편 23편 6절)

월. † 그의 영광의 풍성함을 (엡 3:16)	180
화. † 내가 사망의 음침한 (시 23:4)	181
수. † 의인의 소망은 (잠 10:28)	182
목. † 너희는 여호와를 (사 55:6)	183
금. † 사람의 마음에는 (잠 19:21)	184
토. † 내가 두려워하는 날에는 (시 56:3)	185

5부

감사

WEEK 21.
너희 하나님 여호와가 너의 가운데에 계시니 그는 구원을 베푸실 전능자이시라 그가 너로 말미암아 기쁨을 이기지 못하시며 너를 잠잠히 사랑하시며 너로 말미암아 즐거이 부르며 기뻐하시리라 하리라 (스바냐 3장 17절)

- **월.** † 아무 것도 염려하지 말고 (빌 4:6) ··················· 190
- **화.** † 하나님의 나라는 (롬 14:17) ··························· 191
- **수.** † 그가 사모하는 영혼에게 (시 107:9) ··················· 192
- **목.** † 의인의 길은 정직함이여 (사 26:7) ····················· 193
- **금.** † 하나님께서 구하시는 (시 51:17) ······················· 194
- **토.** † 범사에 우리 주 (엡 5:20) ································ 195

WEEK 22.
여호와께서 환난 날에 나를 그의 초막 속에 비밀히 지키시고 그의 장막 은밀한 곳에 나를 숨기시며 높은 바위 위에 두시리로다 (시편 27편 5절)

- **월.** † 주를 찾는 자는 (시 40:16) ································ 198
- **화.** † 새 계명을 너희에게 주노니 (요 13:34) ··············· 199
- **수.** † 왕이신 나의 하나님이여 (시 146:1) ··················· 200
- **목.** † 만일 그리스도인으로 (벧전 4:16) ······················· 201
- **금.** † 내가 주의 인자하심을 (시 31:7) ························ 202
- **토.** † 믿음으로 모든 세계가 (히 11:3) ························· 203

WEEK 23.
하늘로부터 소리가 나기를 너는 내 사랑하는 아들이라 내가 너를 기뻐하노라 하시니라 (마가복음 1장 11절)

- 월. † 그러므로 이제부터 (엡 2:19) ·················206
- 화. † 내가 그들에게 (겔 11:19) ·····················207
- 수. † 자유롭게 하는 (약 1:24) ······················208
- 목. † 우리가 잠시 받는 (고후 4:17) ···············209
- 금. † 여호와의 영이 (삼상 10:6) ····················210
- 토. † 너는 물 댄 동산 같겠고 (사 58:11) ·········211

WEEK 24.
그가 찔림은 우리의 허물 때문이요 그가 상함은 우리의 죄악 때문이라 그가 징계를 받으므로 우리는 평화를 누리고 그가 채찍을 맞으므로 우리는 나음을 받았도다 (이사야 53장 5절)

- 월. † 사람이 무엇이기에 (시 8:4) ··················214
- 화. † 내가 간구하는 날에 (시 138:3) ·············215
- 수. † 여호와의 인자하심과 (시 107:31) ···········216
- 목. † 내게 주신 모든 은혜를 (시 116:12) ·········217
- 금. † 모든 기도와 간구를 (엡 6:18) ················218
- 토. † 너희 중에 이 마음을 품으라 (빌 2:5) ······219

WEEK 25.
**네가 네 하나님 여호와의 말씀을 청종하면 이 모든 복이 네게 임하여 네게 이르리니 성읍에서도 복을 받고 들에서도 복을 받을 것이며 네 몸의 자녀와 네 토지의 소산과 네 짐승의 새끼와 소와 양의 새끼가 복을 받을 것이며 네 광주리와 떡 반죽 그릇이 복을 받을 것이며 네가 들어와도 복을 받고 나가도 복을 받을 것이니라
(신명기 28장 2절~6절)**

월. † 골수와 기름진 것을 (시 63:5)	222
화. † 여호와께서 너의 출입을 (시 121:8)	223
수. † 내가 문이니 (요 10:9)	224
목. † 천지는 없어질지언정 (마 24:35)	225
금. † 모든 성경은 하나님의 감동으로 (딤후 3:16)	226
토. † 일의 결국을 다 들었으니 (전 12:13)	227

WEEK 26.
**여호와께 감사하라 그는 선하시며 그의 인자하심이 영원함이로다
(역대상 16장 34절)**

월. † 오직 주의 말씀은 (벧전 1:25)	230
화. † 풀은 마르고 꽃은 시드나 (사 40:8)	231
수. † 너희는 말씀을 행하는 (약 1:22)	233
목. † 그러므로 이런 것에서 (딤후 2:21)	234
금. † 나를 기가 막힐 웅덩이와 (시 40:2)	235
토. † 그의 귀를 내게 (시 116:2)	236

프롤로그

나는
나의 인생이
일상의 감사로 가득하면 좋겠다.
나는 나의 인생이
누리는 아름다움에
마음을 더하는 삶이라면 좋겠다.
나는 나의 인생이 소박하지만
믿음의 품위를 지키며
바르고 단아한 모양새를 욕심내어도
부끄럽지 않았으면 좋겠다.
먼저 택하여 주셨으니
함께 살아가는 이들에게도
힘이 되고 위로가 되는
복 있는 삶이면 좋겠다.
나는 나의 삶이
한여름 땡볕 그늘에서 쉬어 가는
바람을 닮았으면 좋겠다.
그래서
하나님께서 주신
내 몫의 인생을 순종하고
사랑하며 살아가는 삶이면 좋겠다.
나는 아이들의 인생도
거저 받은 삶을 감사하여
영원한 소망을 확신하고
기대하며 살아가는 인생이면 좋겠다.

평범한 일상에 기뻐하고
기뻐하고 행복하면 좋겠다.
불편한 시간을 만날 때에도
하나님의 사랑을 믿고 신뢰하며
살아가는 인생이면 좋겠다.
그렇게
순한 인생이면 좋겠다.

2018년, 한 해가 마무리되어 가는
11월 어느 날의 일기장에 기록된
저의 마음입니다.
하나님의 사랑에 감사하여
무릎으로 기도하는 수많은 성도님들 앞에서
부끄럽지 않은 삶을 살아가기를 다짐하며
한 번 더 그날로 돌아가 봅니다.

기도 책 활용법

『앤줌마의 기도』는 매일 성경을 읽고 묵상하면서 만든 기도 책입니다. 이 책은 5개의 주제와 26주 156편의 기도로 구성되어 있습니다.

1. 각 주 별로 새로운 한 주를 여는 성경 구절이 첫 장에 있으며, 말씀을 묵상하며 함께 기도할 수 있는 6편의 기도, 그리고 메모를 할 수 있는 한 페이지의 여백으로 구성되어 있습니다.
2. 각 주에 주어진 6편의 기도를 월요일부터 토요일까지 매일 하나씩 묵상하시면 됩니다.
3. 6편의 기도 뒤에 있는 여백은 각자의 편의대로 사용할 수 있습니다. 예를 들면 마음에 와닿는 기도를 필사하거나, 나의 기도를 쓰셔도 되고, 그날의 마음을 풀어도 됩니다.
4. 이 책은 매일 한 개의 기도를 읽을 경우, 26주 6개월 동안 기도할 수 있도록 구성되었습니다. 일 년에 두 번 반복하여 읽으시면 좋습니다. 또는 자유롭게 읽어도 됩니다.

1부

사랑

WEEK 1.

풀은 마르고 꽃은 시드나
우리 하나님의 말씀은 영원히 서리라 하라
(이사야 40장 8절)

월. † 내가 네 허물을 (사 44:22)

거룩하신 하나님
구름같이 빽빽한 죄와
허물을 용서하여 주셨으니
용서받은 은혜의 풍성함을
일상에서도 누리게 하소서.
구속의 은혜를
매일매일 새롭게 고백하게 하시고
죄를 밀어내는 강하고
굳센 믿음을 허락하여 주소서.
오늘도 완전하게
용서받은 자의 삶을 살게 하시고
하나님의 영광을 드러내는
축복의 통로가 되게 하소서.

화. † 주께 힘을 얻고 (시 84:51)

만왕의 왕이신 하나님
내 마음속의 폿대가 되시고
예수 그리스도의 보혈이
내 삶의 능력이 되어 주소서.
지루한 기다림 속에서도
소망을 잊지 않게 하시고
서두르지 않게 하시며
시온을 향하여 믿음으로
한 걸음 한 걸음 나아가게 하소서.
오직 내 영이 예수 그리스도의
십자가에만 매이게 하시고
고난의 길 위에서도
하나님의 복을 바라보게 하소서.
오늘도 편안하고 좋은 것들을
추구하지 않게 하시고,
고통을 이기는 지혜를 구하여
하나님의 뜻을 끝까지 지키게 하소서.

수. † 만민이 각각 (미 4:5)

영원하신 하나님
목자의 음성을 분별하는
복음의 열매가
내 삶에 나타나게 하시고,
이웃을 구원의 길로 인도하는
증거가 되게 하소서.
거저 얻은 구원으로
사명도 함께 받았으니
내 몫의 책임도 다하게 하시고
그리스도의 통치를 자랑하게 하소서.
오늘도 예수 그리스도 안에서
믿음의 뿌리가 든든하게 하시고
하나님의 권능을 신뢰하는 믿음으로
분명하고 확실한 소망을 향하여
나아가게 하소서.

목. † 여인이 어찌 (사 49:15)

나의 삶을 통하여
영광을 받으시기를 원하시는 하나님
어머니 태 속에 있을 때에
내 이름을 부르시고
내게 힘을 주시며
하나님의 이름을 나타내셨나이다.
엎드리는 자의 기도를 외면하지 않으시고,
부르짖는 자의 기도를 들으시는
신실하신 하나님
나의 고통 속에 항상 함께하시고
은혜의 때와 구원의 날에
나를 도우시며
나를 지켜 주실 것을
믿음으로 확신하나이다.
내 이름을 하나님의 손바닥에 새기시고,
나를 잊지 아니하시나니
오늘도 잠잠히 성령의 음성에 순종하는
복음의 은혜와 능력을 경험하게 하소서.

금. † 마땅히 행할 길을 (잠 22:6)

하나님 아버지
나를 사랑하신 하나님의 사랑으로
아이를 사랑하게 하소서.
부모로부터
삶과 사랑을 보게 하시고
겸손히 섬기고
하나님을 경외하는 믿음을
보고 자라게 하소서.
기도하는 부모가 되게 하시고
바른길을 가르치게 하소서.
마음을 먼저 안아 주는
부모가 되게 하시고
하나님의 교훈을 말하며
삶의 주인이 하나님이심을
일상에서 드러나게 하소서.
부모에게 순종을 배우고
하나님과 부모에게 순종하는
자녀가 되게 하소서.

토. † 그러므로 누구든지 (마 18:4)

하나님 아버지
아이들의 마음과 눈으로
그들이 사랑받고 있음을 알게 하소서.
그들의 눈이 슬픔을 보지 않게 하시고,
자신이 존중받고 섬김을 받는
존재임을 알게 하소서.
어려움을 만났을 때에
도움을 청하는 세상이 되게 하시고
포기하지 않고 도전하는
용기가 가득한 세상이 되게 하소서.
소리 내어 마음껏
웃어도 되는 세상을 주시고
꿈을 꾸고 이루어지는
세상이 되게 하소서.
꿈이 풍성한 세상이 되게 하시고
마음이 다치지 않는 세상을 주소서.
아이가 아이답게 살아가도 되는
세상이 되게 하시고
어른이 어른의 책임을 다하는
성숙한 세상이 되게 하소서.

WEEK 2.

너희가 거듭난 것은 썩어질 씨로 된 것이 아니요
썩지 아니할 씨로 된 것이니 살아 있고
항상 있는 하나님의 말씀으로 되었느니라
(베드로전서 1장 23절)

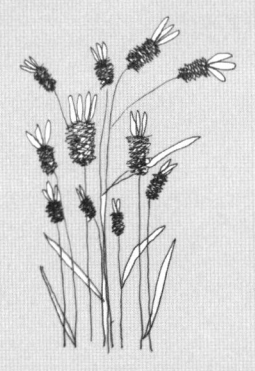

월. † 오직 나와 내 집은 (수 24:15)

하나님 아버지
믿음의 고백이 날마다 새롭게 하시고
믿음의 넓이와 깊이도
날마다 자라게 하소서.
지금까지 주신 은혜들을
매일 새롭게 고백하게 하시고
내가 믿는 믿음을 의심하지 않고
믿음을 확신하며 누리게 하소서.
매일 주어지는 일상이
믿음 안에서 승리하게 하시고
종의 자리에서 상속자의 자리로
옮겨 주신 하나님의 은혜를
날마다 새롭게 새기게 하소서.
오늘도 나와 내 집이 하나님이 주인 되심을
일상에서 드러내게 하소서.

화. † 그를 높이라 그리하면 (잠 4:8)

지혜의 근본이신 하나님
하나님의 지혜를 순종하고
명령하신 가르침을 잊지 않게 하소서.
입에서 나오는 말이
하나님의 지혜를 닮게 하시고
한 입으로 두말하지 말며
삐뚤어지고 악한 생각으로부터
나를 지키는 든든한 믿음이 되게 하소서.
오늘도 주님의 법을 사랑하여
어둠에 걸려 넘어지지 않게 하시고
마음을 지켜 하나님의 지혜를
경험하는 하루가 되게 하소서.

수. † 주께서 심지가 견고한 자를 (사 26:3)

전능하신 하나님
하나님께서 주신 구원의 성벽이
얼마나 튼튼하고 견고한지를
삶에서 믿음으로 보여 주게 하소서.
하나님께서 세우신 구원의 나라의
완벽한 성벽의 성문을 열고
하나님을 믿고 따르는 백성에게 주시는
참된 평화를 노래하고 찬양하게 하소서.
오직 하나님만 의지하고 신뢰하는
믿음으로 구원의 길로 나아가게 하시고
하나님의 의와 이름을 기뻐하며
따르고 경배하게 하소서.
오늘도 여호와의 위대하심으로
삶의 지경을 넓혀 주시고
예수 그리스도의 십자가를
믿는 믿음으로 성령의 은혜와
사랑이 충만한 하루가 되게 하소서.

목. † 하나님을 가까이하라 (약 4:8)

전능하신 하나님
충만한 성령의 능력으로
마귀를 대적하게 하시고
하나님께로 가까이 나아가는
은혜를 날마다 구하게 하소서.
세상적 이기심은 미워해야 할
죄임을 깨달아 알게 하시고
내 안에 있는 욕망을 미워하게 하소서.
겸손한 자에게 주실 은혜를 사모하여
깨끗하고 바른 마음으로
선한 일을 도모하게 하소서.
시간의 주인은 하나님이시니
내일의 시간을 탐하지 않게
하시고, 오늘도 성령의 소리에
귀를 기울여 은혜의 보좌 앞에
담대히 서게 하소서.

금. † 여호와여 우리에게 은혜를 (사 33:2)

구원의 주인이신 하나님
믿음으로 얻은 구원의 은혜를
매일 새롭게 누리게 하시고
위기와 고난이 찾아와도
하나님만을 의지하고 찬양하게 하소서.
찬양이 주는 평화와 능력을
풍성히 경험하게 하시고,
하나님의 권능과 위엄을
믿음으로 확신하고 누리게 하소서.
오늘도 나의 시선이 하나님께로 멈추고
일상의 모든 곳에서
구별된 은총을 누리게 하소서.

토. † 두세 사람이 내 이름으로 (마 18:20)

어린아이와 같이 순전하고
스스로 낮아지는 경건한 삶을
기뻐하시는 하나님
길을 잃고 헤매는 이를 본다면
나의 마음과 정성을 바쳐서
생명의 길로 인도하는
증인된 삶이 되게 하시고
함께 기도하고 연합하는 마음을 주소서.
복음의 길 위에서
방해물을 보거든 이익을 빙자하여
못 본 척 지나치지 않게 하시고
양심을 시켜 바르게 행하는 믿음을 주소서.
오늘도 함께 섬기고 나누는
선한 종이 되게 하시고
내 죄를 용서하신
예수 그리스도의 사랑과 은혜를 누리게 하소서.

WEEK 3.

그는 너희보다 먼저 그 길을 가시며 장막 칠 곳을 찾으시고
밤에는 불로, 낮에는 구름으로
너희가 갈 길을 지시하신 자이시니라
(신명기 1장 33절)

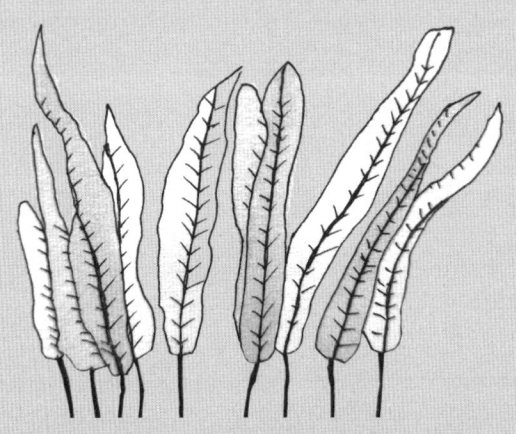

월. † 즐거워하는 자들과 (롬 12:15)

하나님 아버지
내 영이
하나님의 은혜로 충만하게 하시고
어떤 상황도 하나님께로 가는
나의 삶의 방해물이 되지 않게 하소서.
하나님의 계명을 지키는
나의 의무가
나의 행복이 되게 하시고
하나님의 뜻이 나의 기도가 되게 하소서.
오늘도 하나님의 사랑으로
슬퍼하는 자와 함께 슬퍼하고
기뻐하는 자와 함께 기뻐하는
하루가 되게 하소서.

화. † 그러나 내가 나 된 것은 (고전 15:10)

시간과 공간을 초월하여
선하고 아름다운 길로
인도하시는 하나님.
오직 하나님의 약속을
믿음으로 붙들고
하나님의 은혜로
여기까지 왔음을 기억하게 하시고
날마다 새롭게 되새기며 살아가게 하소서.
복음을 모르는 이웃에게
내 삶이 복음의 씨앗이 되게
하시고, 하나님의 은혜를
일상에서도 나타내게 하소서.
오늘도 예수 그리스도 안에서
나의 자아가 죽고
복음을 위하여 수고하는 하루가
결코 헛된 일이 아님을 경험하게 하소서.

수. † 구하라 그리하면 (마 7:7)

자비로우신 하나님
나와 생각이 다르다고
비판하지 않게 하시고
형제의 연약함을 들추어
나의 유익을 취하지 않게 하소서.
진리를 모르는 사람과 토론하지
않게 하시고, 삶으로 진리를
드러내게 하소서.
가장 좋은 것으로 채우시는
하나님의 사랑을
다음 세대인 자녀들에게
바르게 전수하게 하소서.
내가 먼저 좋은 나무의
좋은 열매가 되게 하시고
생명으로 가는 작고 좁은 문을
기꺼이 선택하게 하소서.
오늘도 하나님의 지혜를 구하여
하나님의 뜻대로 행하는
반석 같은 믿음으로 살게 하소서.

목. † 땅에 있는 성도들은 (시 16:3)

거룩하신 하나님
아침마다 하나님의 말씀을 만나고
하나님 손에 붙들려
거룩한 성도, 위대한 인생으로
날마다 변화되게 하소서.
초라한 열등감에 사로잡히지 않게 하시고
하나님을 섬기고 순종하는 마음을
넓혀 주소서.
내게 생명의 길을 주셨으니
오늘도 기쁜 마음으로 노래하고
흔들리지 않는 믿음으로
천국 시민으로서의 품격을 시기게 하소서.

금. † 너희가 내 안에 거하고 (요 15:7)

나를 먼저 택하여 주신 예수님
예수 그리스도를 믿는
나의 믿음으로
내 삶의 주인이 되셨나니
감추어져 있는 이기적인 욕망과
더러운 감정의 가지들을
잘라 내어 주시고,
좋은 가지로 다듬어진 내 삶으로
성령의 열매를 누리고 수확하게 하소서.
삶에서 수확한 성령의 열매로
예수 그리스도의 제자인 것이 드러나게 하시고, 그리스도의 사랑을 증언하게 하소서.
오늘도 주님의 기쁨이
나의 기쁨이 되어
예수 그리스도의 말씀으로
내 삶이 풍성해지고,
교회와 나라와 잃어버린 양을
위하여, 간절히 간절히
기도할 때에 구하는 대로 응답하여 주소서.

토. † 여호와의 인자와 긍휼이 (애 3:22~23)

자비하신 하나님
자녀를 결코 잊지 않으시는
하나님의 사랑을 기억하고
낙심될 때에도 힘써
은혜의 보좌 앞에 담대히 서게 하소서.
죄의 처절함을 깨달아 회개하게 하시고
십자가의 용서와 죄 사함의 은혜를
날마다 경험하게 하소서.
하나님만이 영원한 기업이 되시나니
어둠이 깊을 때에 하나님 앞에 엎드려
아침마다 새롭고 영원하신
주의 사랑과 자비를 만나게 하소서

WEEK 4.

그런즉 믿음, 소망, 사랑, 이 세 가지는 항상 있을 것인데
그 중의 제일은 사랑이라
(고린도전서 13장 13절)

월. † 하나님이여 사슴이 (시 42:1)

하나님 아버지
매일매일 하나님의 사랑을 그리워하는
마음을 허락하여 주소서.
슬픔의 파도가 일상의 질서를 무너뜨리고
눈물이 말라 가슴이 아릴 때에
하나님의 자비를 구하게 하소서.
세상의 물질에
마음을 빼앗기지 않게 하시고
감사의 찬송을 잃어버리지 않게 하소서.
세상이 희망을 빼앗고
살아갈 의지를 음부에 감추어 버릴 때에도
구원자이신 예수 그리스도의
헌신과 겸손을 기억하게 하소서.
어둡고 답답한 고난의 골짜기에서도
하나님의 긍휼을 사모하게 하시고
보혜사 성령의 은혜 속으로 피하게 하소서.
오늘도 목마른 사슴처럼
하나님의 진리를 찾는 자가 되게 하소서.

화. † 그들이 부르기 전에 (사 65:24)

기도의 주인이신 하나님
내가 알지 못하는 무의식 속에서
행운이라는 우상에게 구겨진 삶을
펴기 위하여 다림질을 부탁하고
때와 방법을 정하여
하나님께 사인을 요구하는
무지와 교만이 아직도 차고
넘치오니 진심으로 회개합니다.
용서하여 주소서.
주님이 부르실 때
들을 수 있는 귀를 주셨고
말씀하시면 깨달아 아는
지혜와 능력을 이미 주셨으니
복의 근원이신 하나님께로 나아가는
뿌리 깊은 믿음도 허락하여 주소서.
오늘도 내가 잠에서 깨기 전에
내 삶을 그리시고
내가 말하기도 전에
나의 기다림의 수고까지도 아시는
예수님 이름으로 기도합니다. 아멘.

수. † 하늘은 기뻐하고 (대상 16:31)

모든 나라의 왕이신 하나님
세상의 주인이신 하나님의
말씀대로 역사가 이루어졌고
지금도 살아서 역사하시며
내가 알지 못하는 미래도
말씀대로 이루어질 것을 믿음으로
확신케 하소서.
일상의 근심들로 인하여
소망의 초점이 흐려지지 않게 하시고
말씀이 주는 소망을 붙잡아
상황과 환경에 현혹되지 않게 하소서.
오늘도 말씀이 주신
소망을 따라 살게 하시고
내일도 말씀이 소망이 되어 살아가는
하루를 간절히 기대하게 하소서.

목. † 주의 백성을 구원하시며 (시 28:9)

승리를 주는 요새이신 하나님
하나님께서 주인이신 세상에서
아직도 자신들의 욕망을 위하여
신음하는 백성들의 소리를 외면하는
악한 지도자들이 너무나 많습니다.
하나님이시여
저들이 올무에 걸려
스스로 넘어지게 하시고
하나님의 이름을 하찮게 여기는
악한 욕망으로 저지른 죄의 대가를
반드시 갚아 주소서.
하나님이시여 큰 소리로 부르짖는
자녀들의 애끓는 기도를 외면하지 마시고
강한 믿음으로 인도하여 주소서.
핍박당하는 자녀들의 눈물을 닦아 주시고
승리를 주는 요새가 되어 주소서.
오늘도 하나님은 나의 구원자
나의 힘이시며 방패가 되시나니
간절한 기도를 들으시고 응답하여 주소서.

금. † 내 걸음을 넓게 하셨고 (삼하 22:37)

사랑이 풍성하신 하나님
삶의 모퉁이마다
하나님의 사랑을 보았습니다.
한 치 앞도 보이지 않는
칠흑 같은 어둠을 몰아내신 이도
선택의 길에서 지혜를 주신 이도
십자가 앞에 나신으로 서게 하신 이도
길을 막고 서 있는
욕망을 뛰어넘게 하신 이도
멸망과 구원의 틈새에서
흔들리지 않는 믿음을 주신 이도
내 길을 넓히시고
내 발을 미끄러지지 않도록
인도하여 주신 이도
모두가 하나님이셨습니다.
하나님의 사랑과 은혜였습니다.
오늘도 나의 길을 곧고 평탄하게 하실
하나님의 사랑과 은혜를 찬양합니다.
아멘.

토. † 시험에 들지 않게 (마 26:41)

하나님 아버지
유혹을 이기는 굳세고
강한 믿음으로 인도하여 주소서.
어떤 상황과 현장도
나와 비교하지 않게 하시고
스스로 시험에 들지 않도록
늘 깨어서 기도하게 하소서.
범사에 감사하여
성령의 사랑을 충만히 누리게 하시고
육체의 욕망을 거스르게 하소서.
오늘도 성령의 뜻을 심고
성령을 따라 살게 하시며
두려움 없는 평안을 사모하는
담대한 하루가 되게 하소서.

WEEK 5.

여호와께서 사람의 걸음을 정하시고
그의 길을 기뻐하시나니 그는 넘어지나 아주 엎드러지지
아니함은 여호와께서 그의 손으로 붙드심이로다
(시편 37편 23~24절)

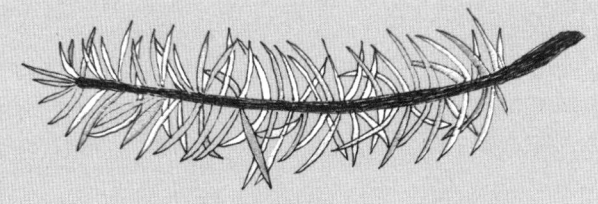

월. † 여호와와 그의 (대상 16:11)

거룩하신 하나님
하나님의 전능하심은 영원하시고
예배함이 합당하시며
하늘과 땅의 주인이십니다.
영원한 생명과 지혜를 주시고
약속하신 맹세를 천 대에까지 지키시며
기억하십니다.
오늘도 내일도 나의 일상에
소망이 살아서 숨을 쉬고
하나님의 자비와 긍휼하심이
내 삶을 인도하시며
하나님의 영광에는 위엄이
하나님의 집에는 능력과 기쁨이 가득하심을
믿음으로 선포하고 고백합니다.
아멘.

화. † 우리가 이 보배를 (고후 4:7)

전능하신 하나님
예수 그리스도께서
내 삶의 주인이 되시나니
예수님을 위하여 쓰임받는
큰 능력의 그릇이 되게 하소서.
내게 주신 복음의 능력은
그리스도의 영광을 위함이니
잠시 보이는 것들에게
시선을 빼앗기지 않게 하시고
보이지 않는 영원한 것들을
소망하며 복음을 드러내고
실천하는 믿음으로 살게 하소서.
오늘도 내 삶이 예수님의 죽으심과
부활을 경험하게 하시고
죽음을 이기는 십자가의 사랑과
성령의 은혜가 가득 찬 하루로 인도하여 주소서.

수. † 내 눈을 돌이켜 (시 119:37)

자비로우신 하나님
세상이 주는 유혹과
맞서 싸워 이기게 하시고
하나님의 법으로
마음과 생각을 지키게 하소서.
하나님의 뜻이
내 삶의 가치가 되고,
하나님의 말씀이
내 삶의 방패가 되어
무가치한 것들로부터 자유하게 하소서.
오늘도 내 삶에서 구원의 은혜를
증명하는 은총을 주시고
주께서 명령하신 길에서
구원의 은혜를 경험하게 하소서.

목. † 하나님이여 내 마음이 (시 57:7)

전능하신 하나님
세상의 악함이 끓어서 넘치고
도덕도 규범도 질서도
중심을 잃고 흔들리고 있습니다.
은혜를 베풀어 주소서.
은혜의 통로에 세워 주소서.
하나님의 법과
창조의 질서를 외면하는
악한 자들의 독선을 벌하여 주시고
우리를 세우신 목적을 이루소서.
오늘도 온종일 나의 마음이
하나님께로 향하게 하시고
하나님의 이름을 높이며 노래하게 하소서.
또 믿음으로 믿음에 이르는
하루를 주시고
내 마음의 확정을 받아 주소서.

금. † 보라 하나님은 나의 구원이시라 (사 12:2)

하나님 아버지
하나님을 믿는 믿음에
견고히 서게 하시고
하나님의 위대하심을 찬양하고
경배하게 하소서.
사망의 진노의 잔이
내 것임에도 아들이신
예수님께 진노의 손을 펼치시고
내게는 진노를 거두시고
위로를 주셨나니
하나님은 구원이시고
힘이시며 나의 노래이십니다.
진노의 자녀였던 내가
이제는 구원의 우물에서
물을 긷는 기쁨을 누리나니
세상이 나를 내칠지라도
믿음에 견고히 서서
하나님의 행하심과 위대하심을
오늘도 알리고 선포하게 하소서.

토. † 무릇 징계가 당시에는 (히 12:11)

사랑의 근원이신 하나님
하나님의 말씀으로 주신
나를 지으신 목적을 날마다
기억하게 하소서.
예수님의 죽으심과 부활로 다시는
나의 죄를 기억하지 아니하시는
하나님의 자비를 날마다 기억하고
죄와 악을 미워하며 죽기까지
믿음으로 맞서 싸우게 하소서.
내게 찾아온 고난을 통하여
하나님의 사랑을 확인하는
기회가 되게 하시고
시련을 이겨 내는 과정을 통하여
거룩하고 흠이 없는
의와 평강의 열매를 맺게 하소서.
오늘도 나를 지으신
하나님의 목적을 기억하여
주신 은혜를 놓치지 않게 하시고
믿음의 경주를 완주하게 하소서.

2부

복음

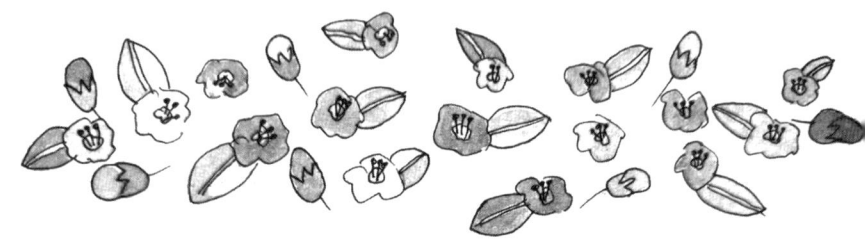

WEEK 6.

서로 친절하게 하며 불쌍히 여기며 서로 용서하기를 하나님이
그리스도 안에서 너희를 용서하심과 같이 하라
(에베소서 4장 32절)

월. † 이 말씀을 하시고 (요 20:22)

부활의 첫 열매가 되신 예수님
예수님의 이름을 믿음으로
구원과 영생을 주셨으니
죽음이 더 이상 내 삶에
올무가 되지 않음을
믿음으로 확신하고 선포합니다.
나를 용서하시기 위하여
목숨을 아끼지 아니하신
예수님의 사랑으로 나도
형제와 이웃을 용서하게 하시고
온전한 죄 사함의 은혜를 누리게 하소서.
오늘도 충만한 성령의 은혜로
주님이 주시는 꿈과 비전을 이루기 위하여
넉넉한 믿음을 준비하게 하소서.

화. † 우리가 알거니와 (롬 8:28)

선을 이루게 하시기 위하여
우리를 부르신 하나님
생명을 주시는 성령의 법으로
죄의 본성을 끊어 내게 하셨으니
성령을 따라 살게 하시며
성령이 바라시는 일에 충성하게 하소서.
또 성령께서 친히 하나님의
자녀 됨을 증언해 주시나니
겪으신 고난에도 기꺼이 참여하게 하시고
예수 그리스도의 영광도 누리게 하소서.
오늘도 하나님의 목적을 위하여
부르심을 입었으니
부름의 상을 위하여
모든 일에 연합하게 하시고
선을 이루는 하루가 되게 하소서.

수. † 우리에게 승리를 주시는 (고전 15:57)

부활의 첫 열매이신 예수님
내게 베푸신
하나님의 은혜가 헛되지 않도록
복음 안에 굳게 서게 하시고
영원하신 하나님의 나라와
십자가의 사랑을 날마다 고백하게 하소서.
예수 그리스도의 부활이 없다면
복음을 믿고 그 안에 서 있는
나의 믿음도 헛되나니
죽음을 이기게 하시고
승리를 주신 하나님의 이름을 높이고
감사 찬송하게 하소서.
오늘도 구원의 감격과
복음의 능력이 살아서 숨 쉬는
현장을 경험하게 하시고
영원한 생명의 길에서
참기쁨과 자유를 누리게 하소서.

목. † 아버지께서 내게 (요 17:4)

하나님 아버지
하나님의 이름을 나타내시고
영화롭게 하신 예수님처럼
나의 인생도
지으신 뜻대로 사용하여 주소서.
예수님을 통하여
믿음으로 하나가 되게 하시고
영원한 생명을 주셨나니
내 삶의 목적이
오직 하나님의 영광과
그리스도의 복음이 되게 하소서.
오늘도 예수 그리스도의 권세와
복음의 능력이 나를 악으로부터
지켜 주실 것을 믿음으로
확신하오니 내게 명하신 말씀을
진리 안에서 이루게 하소서.

금. † 네 평생에 너를 (수 1:5)

끝까지
나와 함께하시는 하나님
나의 평생이 하나님만 의지하게 하시고
완전하신 하나님께서 내 편이심을
믿고 확신하며 허락하신 날들을
부지런히 살게 하소서.
구원이 완성되는 그날까지
나를 대적할 자가 없으리니
하나님의 명령을 따라 전진하며
순종하는 삶으로 인도하여 주소서.
오늘도 내게 주신
하나님의 약속은 영원하시니
하나님의 은혜에 감사하며
더 큰 은혜를 구하는
뿌리 깊은 믿음을 사모하게 하소서.

토. † 묵시가 없으면 (잠 29:18)

율법을 지키는 자에게
복을 주시는 하나님
나를 거룩하게 하시기 위하여
율법을 주셨으니
이 율법이
나의 인생의 중심이 되게 하시고
내 삶의 목적이 되게 하소서.
듣고 싶은 말만 듣는
어리석은 사람이 되지 않게 하시고
양심을 찌르는 훈계의 말씀에
귀를 기울여 하나님의 능력이
살아서 역사하시는 현장을 보게 하소서.
잠시 잠깐
지나가는 물질에
마음을 빼앗기지 않게 하시고
오늘도 영원하신 하나님 앞에서
누릴 영광을 기대하게 하소서.

WEEK 7.

모이기를 폐하는 어떤 사람들의 습관과 같이 하지 말고 오직
권하여 그날이 가까움을 볼수록 더욱 그리하자
(히브리서 10장 25절)

월. † 구원은 여호와께 (시 3:8)

하나님이시여
삶에서 만나는 고통이나
절망 가운데서도
하나님을 향하여 서는
믿음이 되게 하시고
하나님의 소리에 귀를 기울여 듣게 하소서.
하나님의 선하심을 믿고
내 삶의 방패와 구원이 되심을
고백하며 위기를 기회로 바꾸기 위하여
기도하는 성숙한 믿음이 되게 하소서.
나를 찌르고 낙심하는
어리석은 믿음은 찌끼같이 버리게 하시고
위기를 기회로
두려움을 확신으로 바꾸어 주실
하나님께로 마음과 시선을 모두어
오늘도 주의 복을 누리는 하루가 되게 하소서.

화. † 사자가 이르시되 그 아이에게 (창 22:12)

거룩하신 하나님
나의 삶의 최고의 가치가
복음이 되게 하시고
아브라함의 믿음처럼
가장 소중한 것도
아낌없이 드리는 믿음으로
하나님의 영광을 위하여 쓰임 받게 하소서.
내일을 위하여라고 어리석은
핑계를 하지 않게 하시고
시간의 주인은 하나님이시니
오늘 지금 즉시 순종하는
은혜의 바다를 경험하게 하소서.
복음이 주는 풍성한 능력을
날마다 소유하게 하시고
믿음의 증인이신 성령께서
주시는 힘과 위로로
오늘도 믿음에 굳게 서서
모든 두려움으로부터 자유하게 하소서.

수. † 여호와께서 용사같이 (사 42:13)

언약의 표적으로 오신 예수님
하나님의 영을 내 안에 보내시고
영원한 생명을 주셨으니
나의 삶이 예수 그리스도의 이름을
찬양하는 이유가 되게 하소서.
내가 보진 못한 것을 보게 하시고
듣지 못한 것을 듣게 하셨으니
예수 그리스도의 이름이
내 삶의 목적이 되게 하소서.
죽음의 자리로 대신 가셨고
어둠을 빛으로 바꾸시며
새로운 길을 주셨으니
나의 삶이 기뻐 노래하는
이유가 되게 하소서.
오늘도 나를 지키시고
대적을 물리치시는
하나님의 약속을 신뢰하며
믿음의 본질로 돌아가
진리에 목마른 하루가 되게 하소서.

목. † 네 짐을 여호와께 맡겨라 (시 55:22)

자비로우신 하나님
내가 기억하지 못하는 죄도
깨닫게 하시고
죄인의 길에서 돌이키게 하시며
진심으로 회개하게 하소서.
내가 알지 못하고 짓는
죄들로부터도 건져 주시고
모든 불의와 악에서도 깨끗하게 씻어 주소서.
내 삶이 예수 그리스도의 이름 앞에서
부끄럽지 않게 하시고
복음의 열매가 맺히는 선한 삶이 되게 하소서.
오늘도 절제하는 용기와
배려하는 믿음으로 하나님께 붙들리는
아름다운 하루가 되게 하소서.

금. † 너희는 믿음 안에 있는가 (고후 13:5)

내 안에 계시는 예수님
육체로는 약한 존재이나
예수 그리스도의 십자가의 보혈로
강하고 담대한 믿음을 소유하게 하시고
하나님의 크고 비밀한
지혜도 주셨으니 믿음 안에
내가 있음을 날마다 확증하게 하소서.
악한 일에 마음을 빼앗기지 않도록
깨어서 기도하게 하시고
옳은 일을 행하는 굳건한 믿음으로
진리 안에 온전하게 서게 하소서
오늘도 시기와 분 냄 거만함 같은
더러운 생각에 물들지 않게 하시고
주님이 주신 권세와 능력으로
위로와 덕을 세우며
성령의 열매가 풍성한 믿음 안에
내가 있게 하소서.

토. † 하나님의 말씀과 기도로 (딤전 4:5)

거룩하신 하나님
하나님의 법과 진리에 순종하는
나의 영과 양심을 날마다
더 경건하고 예민하게 하여 주소서.
내가 하는 말과 행동에서
믿음의 향기가 배어 있게 하시고
예수 그리스도의 선한 일꾼 됨을
스스로 드러내게 하소서.
오늘도 주신 말씀과 기도로
거룩한 성령의 열매를 맺게
하시고 참된 믿음으로 삶을
사랑하는 감사가 넘치게 하소서.

WEEK 8.

야곱아 너를 창조하신 여호와께서 지금 말씀하시느니라
이스라엘아 너를 지으신 이가 말씀하시느니라
너는 두려워하지 말라 내가 너를 구속하였고
내가 너를 지명하여 불렀나니 너는 내 것이라
(이사야 43장 1절)

월. † 너희가 전에는 어둠이더니 (엡 5:8)

빛의 근원이신 하나님
빛의 자녀답게
거룩하시고 풍성한
아버지의 성품을 사모하여
아버지의 형상을 알고
닮아 가는 기쁨을 누리게 하소서.
형제 우애에 사랑을 더하여
내가 사랑하지 못하는 이웃을 위하여도
기도하는 자녀가 되게 하소서.
이기적인 나의 감정들을
절제하는 지혜를 주시고
나의 성향을 축복하여 주셔서
너그러운 성품으로 변화되게 하소서.
오늘도 하나님께서 빚으신
나의 심장 소리를 들으며
내 영혼은 맑아지고
나의 무릎은 낮아져
진리의 빛 가운데로 걸어가게 하소서.

화. † 하나님께서 구하시는 (시 51:17)

사랑의 본질이신 하나님
내게 자비를 베풀어 주시고
연약함을 만져 주시며
상처 난 마음을 받아 주소서.
십자가 앞에서
무너지고 깨어진 마음이
제물이 되게 하시고
생각으로도 악은 미워하며
그리스도의 보혈을 항상 기억하여
깨끗하고 바른 믿음을 지키게 하소서.
오늘도 죄에 민감한 영을 주시고
구원에 대한 기쁨을 회복하여
하나님의 의를 찬양하고
선포하게 하소서.

수. † 이로써 그리스도를 (롬 14:18)

모든 사람의 주인이신 하나님
내가 가지고 있는 믿음의 판단이
최고인 것처럼 형제를 판단하거나
비난하지 않게 하시고
하나님께서 주신 형제를 위하여
기도하는 믿음과 지혜를 구하게 하소서.
형제의 주인은 하나님이시니
형제를 주신 하나님께 감사하고
나의 신념으로 형제를 정죄하지 않게 하소서.
오늘도 내가 살든지 죽든지
스스로 옳다고 믿는 일을 행하고
성령 안에서 누리는 의와 평강으로
덕을 세우는 일에 힘써
하나님을 기쁘시게 하며
사람에게도 칭찬받는 삶이 되게 하소서.

목. † 내가 노래로 (시 69:30)

위대하신 하나님
내가 처한 환경과 상황에서도
하나님의 권능을 보게 하시고
하나님의 집을 사모하는
나의 열정이 식지 않도록
주의 법을 날마다 묵상하게 하소서.
하나님께 소망을 둔
자녀들의 삶을 지켜 주시고
세상의 시류에 휩쓸리지 않는
강한 믿음을 주소서.
오늘도 악한 자들이 저지른 죄악을
낱낱이 기억하여 갚아 주시고
주의 집을 사모하는 자녀들을
크신 사랑으로 돌보아 주셔서
하나님의 이름을 높이고
감사함으로 찬양하게 하소서.

금. † 너의 행사를 여호와께 (잠 16:3)

인생의 주인이신 하나님
인생의 주인은
오직 하나님이시기에
나의 인생 중에 어떤 부분도
내 것인 양 욕심내어
미련을 두지 않게 하시고
심장 깊은 곳에서 기억하고
순종하게 하소서.
인생의 희로애락 앞에서
나의 무력함을 인정하고
하나님을 절대적으로 신뢰하며
삶의 위기까지도 하나님께 맡기고
내가 가진 모든 것을 내려놓게 하소서.
오늘도 하나님의 시선에 집중하게 하시고
예수님께서 나를 위하여
치르신 엄청난 대가를 기억하여
하나님 한 분만으로 만족하는
믿음의 고백이 새롭게 하소서.

토. † 내가 나의 목소리로 (시 3:4)

하나님이시여
내가 부르짖을 때 응답하여 주소서.
나의 근심을 덜어 주시고
내게 은혜를 베푸셔서
나의 심장이 뜨겁게 하소서.
핍박받는 자들의 고통과
슬픔에 잠긴 자들의
눈물을 위하여 울고 웃는
뜨거운 심장이 되게 하시고
믿음과 열정이 살아 숨 쉬게 하소서.
오늘도 형제가 서로 돕고
세워 주기를 힘쓰고
마음을 합하여 기도하며
주의 복을 함께 누리는
참된 믿음으로 인도하여 주소서.

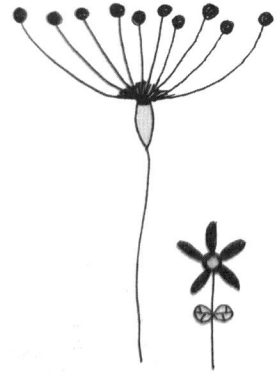

WEEK 9.

하나님은 한 분이시요 또 하나님과 사람 사이에 중보자도
한 분이시니 곧 사람이신 그리스도 예수라
(디모데전서 2장 5절)

월. † 너희 믿음이 (고전 2:5)

하나님 아버지
하나님의 비밀 가운데 있는
지혜를 눈으로 보지 못하고
귀로 듣지 못하면
마음으로도 깨닫지 못함을 알게 하시고
하나님의 크고 비밀한 지혜를
성령을 통하여 깨닫게 하심은
하나님의 능력이시니
아침마다 하나님의 능력을 구하게 하소서.
하나님의 질서를 어지럽히는
악한 것들과 타협하지 않게 하시고
하나님의 은혜 안에서 치유되고
회복되는 참된 능력을 소유하게 하소서.
오늘도 나의 능력이 되시는 성령의 사랑으로
하나님 한 분만으로 만족하는
삶의 고백이 있게 하소서.

화. † 내가 하나님을 의지하여 (시 56:10)

자비로우신 하나님
아침을 기다림보다
주님을 더 기다리는
파수꾼의 간절함처럼
두렵고 떨릴 때마다
하나님의 말씀을 의지하여
찬송하고 찬송하게 하소서.
내 영이 무가치한 것들에 의하여
무너지고 방황하는 일이 없게 하시고
주님이 허락하신 시간을 낭비하지 않도록
하나님의 지혜를 구하는 일에
힘써 행하게 하소서.
오늘도 하나님의 임재를
충만하게 누리게 하시고
내 영은 하나님의 이름을
큰 소리로 찬양하게 하소서

수. † 그의 성령을 우리에게 (요일 4:13)

사랑이신 하나님
예수 그리스도를 통하여
나를 향하신
하나님의 사랑을 보이셨으니
나도 하나님의 사랑을 따라
형제를 섬기고 사랑하게 하소서.
사랑합니다 하나님
아침마다 고백하게 하시고
완전하신 하나님의 사랑으로
모든 두려움을 훼파하는
하늘의 평화를 누리게 하소서.
나를 위해 베푸신
하나님의 사랑을 내가 알고
오늘도 세상을 이기는
성령의 사랑이 충만하여
예수 그리스도의 증인된 삶을 기뻐하는
하루가 되게 하소서.

목. † 어떤 사람에게는 (고전 12:8)

자비로우신 하나님.
하나님의 영이 내 안에 오셔서
내가 그리스도의 몸인 것을 깨닫게 하시고
주신 은사대로
예수님과 교회 공동체를 위하여
기도하고 섬기게 하소서.
성령께서 주신 은사대로
서로 돕고 세워 주는
교회 공동체가 되게 하시고
눈에 보여 지는 저울과 자로
비방하고 분쟁하지 않게 하소서.
한 지체가 고통을 받으면
모든 지체가 함께 고통을 당하고
한 지체가 영광을 받으면
모든 지체가 함께 기뻐하는 교회 공동체로
믿음과 소망과 사랑으로 하나 되어
오늘도 나누고 섬기게 하소서.

금. † 누구든지 주의 이름을 (롬 10:13)

모든 믿는 자에게
의가 있도록 하기 위하여
율법의 마침이 되신 예수님.
복음에 대한 나의 열정이
행위를 자랑함이 되지 않게 하시고
오직 하나님의 은혜임을 선포하여
구원을 누리는 하루를 시작하게 하소서.
예수 그리스도의 죽음과 부활
재림을 믿는 믿음으로
의롭다 함을 얻었으니
아침마다 입으로 고백하여
부르심을 입은 모든 자에게
주시는 풍성한 복을 누리게 하소서.
오늘도 나의 믿음의 시작이
예수님의 말씀을 듣고
순종하는 것으로 하게 하시고
복음을 전하는 아름다운 발과
심장을 소유하게 하소서.

토. † 내 영혼이 내 속에서 (욘 2:7)

하나님 아버지
내 삶의 악함을 보시고
행위대로 벌하지 마시고
은혜로 대하여 주소서.
내가 고통스러운 절망 속에서도
하나님의 자비를 기억하여
나의 행위를 회개하게 하시고
하나님께로 돌이켜 기도하게 하소서.
나를 말씀 안으로 불러 주시고
죄악 된 길을 떠나
온전케 하시는 믿음의 주
예수 그리스도만 수복하게 하소서.
오늘도 첫 마음과 첫걸음이
주께로 향하게 하시고
온전하신 하나님의 사랑 안에 거하여
허락하신 복음의 책임을 위하여
간절히 기도하게 하소서.

WEEK 10.

그들에게 이르기를 여호와의 말씀에 내 삶을 두고 맹세하노라
너희 말이 내 귀에 들린 대로 내가 너희에게 행하리니
(민수기 14장 28절)

월. † 나의 하나님이여 (시 40:8)

하나님이시여
아침마다 새 노래로
주님을 만나게 하소서.
질퍽거리는 삶의 구렁텅이에서도
주님의 뜰을 사모하게 하시고
달콤한 세상의 유혹 앞에서도
주님의 법을 기억하게 하소서.
모든 근심과 두려움에서 건져 주시고
거만한 사람들의 계략이
무너짐을 보게 하시며
귀를 열고
주님의 음성을 듣게 하소서.
오늘도 주님의 사랑과 진리가
나를 지켜 주시고
주님의 법이 내 안에 멈춰
내 삶의 기쁨이 되게 하소서.

화. † 나로 말미암아 (갈 1:24)

그리스도의 은혜로
나를 부르신 하나님
이 악한 세상에서 나를 건지시고
내 죄를 씻어 주신
그리스도의 복음을 위하여
내가 살고 기꺼이 죽을 수 있는
용기를 주소서.
그리하여
하나님의 영광을 위하여 살고
하나님의 마음을 기쁘시게 하며
하나님의 이름을 찬양하는
복된 삶으로 인도하여 주소서.
오늘도
복음이 선포되는 현장에서
복음이 능력이 되는 현장에서
복음이 살아서 역사하는 현장에서
예수 그리스도의
은혜와 평안을 누리고
하나님께 영광을 돌리는
거룩한 하루가 되게 하소서.

수. † 오직 주의 율법을 (시 1:2)

복의 근원이신 하나님
하나님의 복을 소망하여
하나님의 가르침을 즐거워하고
순종하는 바른 믿음을 소유하게 하소서.
하나님의 형상을 알고 닮아 가는
순결한 마음을 주시고
악한 생각에 붙들리지 않도록
하나님의 가르침을 사모하게 하소서.
오늘도 선한 길에 세워 주시고
진리를 갈망하게 하시며
모든 두려움을 뛰어넘는
자비와 평안으로
행복이 가득 차게 하소서.

목. † 사람이 마음으로 (잠 16:9)

모든 것의 주인이신 하나님
내 것이라고 가지고 온 것이
아무것도 없으며
내 것이라고 가지고 갈 것도
아무것도 없음을
숨 쉬는 순간마다 깨닫게 하시고
주님이 주신 분복을 감사하며
선한 청지기의 삶을
지혜롭게 누리고 섬기는 일상으로
인도하여 주소서.
가벼운 티끌 하나
작은 동전 하나도
삶을 위한 계획과
계획을 위한 걸음도
다 주님의 것이기에
오늘도 온전히 내 삶을 맡깁니다.
두려움 없는 평안과
확신하는 믿음을 주시고
지으신 목적대로 쓰임받는
복된 하루로 인도하여 주소서.

금. † 여호와여 주의 긍휼을 (시 40:11)

자비로우신 하나님
내 삶의 목적이
복음이 되게 하시고
하나님의 뜻을 행하며
위로를 얻고 기쁨으로
노래하게 하소서.
하나님께로부터 오는
기쁘고 즐거운 노래가
내 영혼을 춤추게 하시고
값없이 받은 구원의 은혜를
삶에서 누리게 하소서.
오늘도 주님의 사랑과 진리로
나를 지켜 주시고
복음에 대한 의무가
일상의 기쁨이 되게 하소서.

토. † 깊도다 (롬 11:33)

은혜가 풍성하신 하나님
그리스도의 희생으로 얻은
구원과 영생의 감격을
날마다 새롭게 만나게 하시고
들을 귀를 주소서.
그리하여
말씀에서 나는 반석 같은 믿음을
소유하게 하소서.
변함이 없는 하나님의 인자하심이
내 삶에 영원히 머물러 주시고
자원하는 순종의 삶으로
주님의 은혜를 경험하게 하소서.
오늘도 하나님의 지혜와
지식의 풍성함을 소망하며
바르고 선한 믿음으로
하나님의 길에서 만나를 거두게 하소서.

3부

믿음

WEEK 11.

네가 가는 모든 곳에서 내가 너와 함께 있어 네 모든 원수를
네 앞에서 멸하였은즉 땅에서 위대한 자들의 이름 같이
네 이름을 위대하게 만들어 주리라
(사무엘하 7장 9절)

월. † 너희는 귀를 기울여 (사 28:23)

자비로우신 하나님
믿음의 텃밭에
하나님의 나라를 심게 하시고
화평과 순종의 열매를 수확하는
선한 청지기가 되게 하소서.
거짓 교훈을 퍼뜨리는 자들에게
미혹되지 않게 하시고
그리스도의 교훈 안에 거하여
내 영이 항상 깨어 있게 하소서.
또 세상이 주는 편안함에
빠지지 않게 하시고
삶의 게으름과 영적인 교만을
회개하게 하소서.
오늘도 귀를 기울여
하나님의 목소리를
더 자세히 듣게 하시고
참삶의 원천이시고
지혜의 본질이신
공의로우신 하나님께 붙잡히는
복된 하루가 되게 하소서.

화. † 자기의 계획을 (사 29:15)

전능하신 하나님
나의 경험과 생각 안에서
하나님의 말씀과 뜻을
이해하지 않게 하시고
어느 장소나 어떤 상황에서도
나와 함께하시는 하나님이심을
내가 믿음으로 신뢰하고
믿음으로 확신하게 하소서.
나의 모든 삶을 마지막 때에
하나님의 의로 심판하실 것이기에
복음의 능력과 권세를
하나님의 의를 드러내는 곳에
믿음으로 사용하게 하소서.
하나님의 말씀을 끝까지 지키며
사는 자에게 주시는 완전한
회복을 꿈꾸면서 기대하게 하시고
오늘도 모든 것을 다 아시는
하나님과 동행하는 삶이
되게 하소서.

수. † 여호와께서 자기 백성의 (사 30:26)

은혜 베풀기를 원하시는 하나님
세상으로 치우쳐 흐트러진
나의 생각과 마음을 돌이켜
주님의 은혜 안에 거하게 하시고
징계 후 주실 은혜와 복을 소망하며
뿌리 깊은 교만을 도려내게 하소서.
나를 향한 하나님의 사랑은
멈춘 적이 없으시고
끝까지 포기하지 아니하시나니
주님의 사랑과 은혜를 갈망하게 하소서.
오늘도 교만이 무너진 자리에서
상처를 싸매어 주시며
맞은 자리를 고쳐 주시는
주님의 향하여 달려가는
복된 하루가 되게 하소서.

목. † 강하고 담대하라 (수 1:9)

나의 하나님 나의 아버지
하나님의 이름을 사랑하며
그 이름을 기뻐하고
두려움을 걷어 내는
강하고 담대한 믿음을 구합니다.
어떠한 상황과 어려움 앞에서도
비굴하지 않게 하시고
나의 길에 함께하시는
하나님의 지혜와 은혜의 풍성함이
온전한 인내를 이루는
삶이 되게 하소서.
오늘도 복음을 위하여
의무를 다하게 하시고
주님이 베푸시는
선하심의 기적들을 바라보며 즐거워하는
복된 하루가 되게 하소서.

금. † 여호와께서 자기 백성에게 (시 29:11)

자비로우신 하나님
나의 삶의 감사와
기쁨의 노래를 받으시고
내게 힘과 도움이 되어 주소서.
얄팍한 세상의 속내와
어둡고 칙칙한 욕망으로부터
예민하게 하시고
두려움이 군대를 몰고 와서
계략을 소나기처럼 퍼붓는
일상을 만날지라도
왕이신 주님의 평화를 바라보며
여호와의 영광을 찬양하는
거룩한 삶으로 인도하여 주소서.
오늘도
마음을 다하여 주님을 섬기고
부름의 상을 위하여
믿음의 경주를 쉬지 않게 하소서.

토. † 여호와와 그의 능력을 (대상 16:11)

왕이신 하나님
산과 바다와 들과
그 안에 있는 모든 것들이
하나님의 위엄을 찬양하게 하시고
모든 역사의 주인이신
하나님의 위대하심을 선포하게 하소서.
성령의 도우심으로
그리스도와의 친밀한 교제가
내 삶의 우선순위가 되게 하시고
주님과의 연합이 더 깊어지게 하소서.
예수 그리스도와의
온선한 연합으로
주님의 마음을 알게 하시고
주님을 닮아 가게 하시며
내 삶에서도 주님을 드러내게 하소서.
오늘도 주님 안에 거하여
하나님을 찾아 능력을 구하고
성령의 도우심으로
내 영이 날마다 승리하게 하소서.

WEEK 12.

여호와의 말씀은 순결함이여
흙 도가니에 일곱 번 단련한 은 같도다
(시편 12편 6절)

월. † 주께 힘을 얻고 (시 84:5)

아버지 하나님
아침마다 눈을 열고
아버지의 마음을 보게 하시고
하루를 살기에 충분한
감사와 은혜를 구하여
하나님의 자비와 긍휼을
풍성히 누리고 베풀게 하소서.
시기하고 불평하는 입술은 off
먼저 다가서는 마음과
섬기는 믿음은 on
오늘도 하나님의 이름으로
행복하게 하소서.
주의 성전에서 보내는 하루가
더 행복한 다윗의 고백처럼
세상이 주는 재물과 명성보다
하나님이 주신 은혜와 명예가
더 영화롭고 존귀한 행복임을
고백하는
하루가 되게 하소서.

화. † 우리 주 예수 (엡 6:24)

은혜가 풍성하신 하나님
하나님의 사랑과 은혜로
내 영이 날마다 새롭게 하시고
두려움이 없는 담대한 믿음으로
복음의 비밀을 선포하게 하소서.
조건 없이 베푸시는
하나님의 은혜를 닮아 가는
삶이 되게 하시고
내 삶의 감사가
복음을 전하는 통로가 되게 하소서.
믿음의 이웃들과 동역하는
은혜를 주시고
함께 기도하고 삶을 나누며
위로를 얻게 하소서.
오늘도 삶에서
복음의 능력을 경험하게 하시고
주 예수 그리스도를 변함없이
사랑하는 하루가 되게 하소서.

수. † 그러므로 내가 (고후 12:10)

자비로우신 하나님
내 안에 구원의 확신과
영생의 소망을
믿음으로 확증하는
삶을 살게 하시고
그리스도의 복음의 능력으로
나의 약한 것들을 자랑하게 하소서.
내가 살아가는 삶의 힘과 능력은
오직 그리스도의 능력이시니
어떤 어려움이나 시련도
나의 약함을 인정하게 하시고
그리스도의 보혈의 복음을 의지하여
주님께 능력을 구하게 하소서.
오늘도 그리스도의 능력이
나의 삶의 힘이심을 고백하고
악하고 헛된 것을 미워하는
하루가 되게 하소서.

목. † 여호와여 내가 (시 26:8)

하나님이시여
나의 생각과
마음이 하나 되게 하시고
확신하는 믿음으로
진리 안에 거하게 하소서.
겉과 속이 다른 이중성을 미워하게 하시고
성령의 음성에 귀를 기울여
나쁘고 더러운 것은
보지도 말고 듣지도 않게 하소서.
온 마음으로 찬양하며
내게 행하신 은총과
놀라운 일들을 선포하게 하시고
주의 영광이 머무는
주님이 계신 주의 집을
간절히 간절히 사모하며
바라보게 하소서.
오늘도 내 영이
예배의 자리에 있게 하시고
소리 높여 주님을 찬양하며
오직 하나님께만 소망이 있게 하소서.

금. † 오직 하나님의 성령으로 (고전 2:10)

창조 전에
미리 정하신 지혜를
우리의 영광을 위하여
알게 하신 하나님
예수 그리스도의 십자가만이
나의 믿음의 능력이 되게 하시고
내 삶의 자랑과 목적이 되게 하소서.
하나님께서 은혜로 주신 지혜를
내가 귀로 듣고 눈으로 보고
마음으로 깨닫게 하시고
그리스도의 복음을
드러내는 삶이 되게 하소서.
오늘도
예수 그리스도의 십자가의 복음만
바라보고 집중하게 하시고
하나님의 깊은 것까지도 아시는
성령의 은혜를 구하여
그리스도의 마음을 품게 하소서.

토. † 나 곧 나는 여호와라 (사 43:11)

처음부터 하나님이신 하나님
눈이 있어도 보지 못하고
귀가 있어도 듣지 못하는
답답하고 어리석은 인생이지만
나를 지으신 목적대로
하나님의 사랑과 은혜에 목마르게 하시고
일상에 필요한 은총을 위하여
갈급한 심령으로 기도하게 하소서.
환경과 상황의 두려움에서
담대하게 하시고
신실하신 하나님의 약속을 신뢰하고 확신하는
믿음의 삶으로 인도하여 주소서.
나를 지으시고 부르셨으니
나는 하나님의 것이라
인생의 광야에서 길을 잃을지라도
삶의 지혜를 공급하여 주시고
오늘도 나의 하나님 나의 구원자이시니
주님의 역사를 경험하게 하시고
내게 행하신 모든 일의 증인된
삶으로 인도하여 주소서.

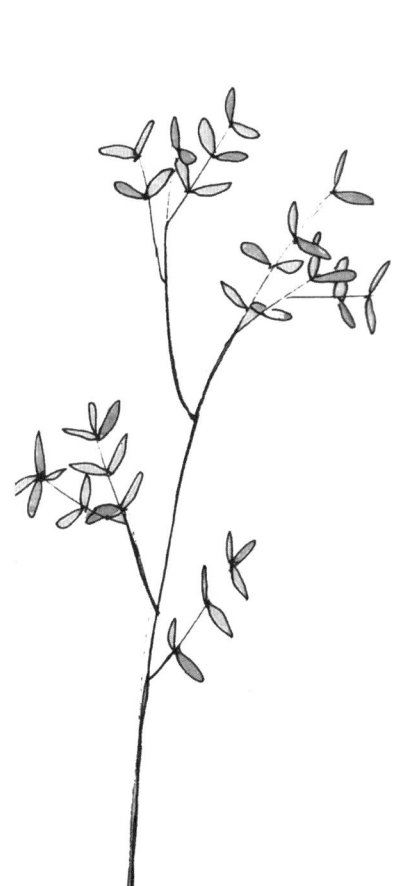

WEEK 13.

빛 가운데 있다 하면서 그 형제를 미워하는 자는
지금까지 어둠에 있는 자요
(요한일서 2장 9절)

월. † 이 말씀은 나의 (시 119:50)

영원히 영원하신 하나님
내가 무가치한 것들에게
마음을 두지 않도록
주의 말씀으로
나를 보호해 주시고
하나님의 약속들을 갈망하여
주의 법을 지키는 기쁨을
내 영혼이 넉넉히 누리게 하여 주소서.
진리의 말씀이 간절한
기도의 소망이 되고
주의 법이 내 삶의 노래가 되며
충만한 성령의 은혜가
순종의 이유임을 선포하게 하소서.
오늘도 힘과 능력이 되시는
주의 말씀으로 살게 하시고
고난 중에도 위로가 되어 주소서.

화. † 사람이 여호와의 구원을 (애 3:26)

언제나 변함이 없으신 하나님
삶이 힘들어 소망이 흔들리고
짐이 무거워
믿음의 바닥이 드러났어도
끝까지 견디는 자에게
하나님께서 반드시
선대하심을 기억하게 하소서.
하나님의 사랑을 향한
나의 열정이 낡아지고
내 삶에 이기적인 욕망의
악취가 진동하여도
나를 향하신
하나님의 사랑은 영원하시니
하나님의 도우심을 바라며
조용히 기다리게 하소서.
오늘도 허락하신 삶에서
도움을 청할 때에
지은 죄를 사하여 주시고
부르짖는 기도를 들으시며
두려움을 이기는 평안으로 인도하여 주소서.

수. † 나는 오직 주의 (시 13:5)

하나님이시여
연약한 사람들을 핍박하고
가난한 자들을 신음하게 하는
악한 자들과 더러운 욕심으로
활개 치고 다니는 어리석은 자들의
끝을 내게 보여 주소서.
또 어리석은 자들의 무릎을 치시고
교활한 입술을 멈추어 주소서.
저들이 "하나님은 없다"
라고 말하며 나를 조롱하여도
내가 신실한 믿음으로
주님의 사랑을 의지하게 하시고
베푸신 구원을 기뻐하여
여호와의 이름을 담대히 노래하게 하소서.
오늘도 내가
주님을 위하여 일할 때
어디에 있든지
무엇을 하든지
내게 찾아오실 것을 확실히 알게 하시고
흔들리지 않게 하소서.

목. † 참빛 곧 세상에 와서 (요 1:9)

나와 영원히 함께하시기 위하여
이 땅에 오신 예수님
나를 죄에서 구원하시고
예수님의 이름 속에 있는
하나님의 이름의 권세와 능력을
사용할 수 있는 권리를 주신 은혜를 찬양합니다.
욕망을 좇아가던 내 삶의 방향을
완전히 바꾸어 주시고
하나님을 향하여 돌아서게 하시며
예수 그리스도를 내 삶의 구주로
영접하게 하신 은혜를 찬양합니다.
하나님을 모르는 죄인의 길에서
진리이신 예수님의 사랑을 깨닫고
하나님께로 돌아서게 하신
성령님의 은혜와 인도하심을 찬양합니다.
죄로 인하여 막혔던 담이 무너지고
깨어진 관계가 회복되는
참빛으로 오신 예수 그리스도의 이름으로
오늘도 모든 두려움과 위기와 질병으로부터
자유하게 하소서. 아멘.

금. † 하나님 우리 아버지와 (엡 1:2)

그리스도를 교회의
머리로 삼으신 하나님
나를 불순종과
죄의 늪에서 건지시고
교회와 한 몸 되게 하셨나니
하나님의 백성에게 약속하신
예수님의 은혜와 평안을
나의 삶에서도 나타내며
이웃에게도 선포하게 하소서.
성령의 은혜로 크고 놀라운
하나님의 비밀을 깨닫게 하셨으니
사랑이 풍성하시고 온유하신
하나님의 성품을 닮으려고
부지런히 노력하게 하소서.
오늘도 성령의 뜻을 따라
영원한 생명의 소망을 심게 하시고
보혈로 얻은 자유를
선한 일을 위하여 사용하게 하소서.

토. † 나 곧 내 영혼은 (시 130:5)

하나님이시여
내 영이 다시 오실 주님을 기다리고
기다리는 소망이 충만하게 하소서.
나의 하루가
주님과 함께 시작하게 하시고
나의 기다림이 주님의 은혜로
즐거워하는 복된 자가 되게 하소서.
내 영이 주님의 말씀을 사모하며
주님의 음성에 귀를 기울이고
파수꾼이 아침을 기다리는
간절한 확신보다 더 주님을
사모하며 기다리게 하소서.
오늘도 내 영혼이 주님께 붙들려
구원의 기쁨을 누리게 하시고
성령의 사랑과 인도하심으로
구속의 자유가 가득 차게 하소서.

WEEK 14.

일어나라 빛을 발하라 이는 네 빛이 이르렀고
여호와의 영광이 네 위에 임하였음이니라
(이사야 60장 1절)

월. † 나로 말미암아 (갈 1:24)

내게 복음을 주시려고
바울을 부르신 하나님
내가 복음의 삶을 살아갈 때에
사람들의 마음에 들기 위하여
겉치레를 하지 않게 하시고
오직 하나님의 마음을
기쁘시게 하는 일에
부지런히 섬기게 하소서.
내게 주신 복음은
악한 세상에서 나를 건지시고
내 죄를 씻어 주시기 위하여
자기 몸을 버리신
예수님의 보혈의 공로이시니
아침마다 감사의 고백으로
하루를 시작하게 하소서.
오늘도 내 삶에 복음이 나타나고
함께 가는 믿음의 동역자들에게도
힘이 되며 찬양이 되는
은혜가 풍성하게 하소서.

화. † 푯대를 향하여 (빌 3:14)

나의 믿음을 보시고
나를 의롭다 하시며
자녀 삼아 주신 하나님
오직 하나님의 영으로만
예배하게 하시고
예수 그리스도 안에서만
자랑하는 삶이 되게 하소서.
나를 드러내고 나타내는
물질들을 추구하지 않게 하시고
주 예수 그리스도를 아는 것에
기쁨이 충만하고 충만하게 하소서.
오늘도 마지막 날에
부활의 기쁨에 참여하는 것이
삶의 목표가 되게 하시고
그 부름의 상을 위하여 힘껏 달리게 하소서.

수. † 주는 나의 하나님이시니 (시 143:10)

의로우신 하나님
새로운 아침을 맞이하며
감격과 감사와 고백이 없는
교만과 무의식을 회개합니다.
영과 육의 모든 삶의 구원과
구속의 감동이 아침마다 뜨겁게 하시고
진리를 향한 간절한 목마름을
날마다 경험하게 하여 주소서.
내 영이 그저 그런 하루를 보내며
하나님의 품을 파고들지 아니할 때
나를 불쌍히 여기시며
나를 가르치셔서
주님의 뜻을 알게 해 주소서.
오늘도 선하신 성령께서
예수 그리스도의 이름으로
바른길로 인도하여 주시고
내가 가야 할 길을 보여 주소서.

목. † 내가 내게 있는 (고전 13:3)

하나님 아버지
나를 사랑하신 하나님의 사랑을 알게 하소서.
주고도 행복한 사랑
기다려도 지루하지 않는 사랑
낮은 자리로 내려가는 사랑
목숨을 주고도 아까운 것이 없는 사랑
생각만으로도 힘이 되고 의지가 되는 사랑
함께여서 두려움이 없는 사랑
함께라면 무서울 게 없는 사랑
함께이고 싶은 사랑
언제든지 찾아가도 밀어내지 않는 사랑
먼저 불러 주신 사랑
연약함을 만져 주는 사랑
천 년을 기다려도 변하지 않는 사랑
믿음이 소망이 되고 소망이 사랑이 되는 사랑
오늘도 사랑을 닮아 가는
하루가 되게 하시고
사랑의 주인이신
예수님의 사랑을 닮아 가는
복된 삶이 되게 하소서.

금. † 나는 여호와를 향하여 (시 91:2)

전능하신 하나님
하루도 쉬지 않고 공격하는
악한 영들의 계략을 물리치는
지혜와 능력을 주시고
타협의 손길이 유혹할 때
하나님을 찾아 의지하는
신실한 믿음도 주소서.
무서운 전염병이나
실패에서 오는 낙심과
빠르게 변화되는 세상에서
절망이 파도처럼 덮칠 때에도
성령이시여
내 삶의 피난처이신 주님께로
인도하여 주소서.
오늘도 하나님을 사랑하는
나의 마음과 믿음의 열정이
변하지 않게 하시고
하나님의 위대하심을 자랑하고
나타내는 하루로 살게 하소서.

토. † 그러나 주께 피하는 (시 5:11)

하나님이시여
내가 토하여 내는 숨소리에
귀를 기울여 주시고
나의 부르짖음을 들어 주소서.
나의 악한 본성을 다스리고
절제하는 지혜를 위하여
아침마다 기도하게 하시고
내가 앉고 서는 것도
다 주님의 은혜임을 알게 하소서.
세상에 드리워진 어둠이
끝이 없어 보이고
내가 할 수 있는 것이
아무것도 없을 것 같을 때에도
하나님께 뜻을 묻고
도움을 얻게 하소서.
오늘도 하나님께 피하여
내 삶의 모든 것을 맡기고
기쁨의 노래를 부를 때에
예수 그리스도의 이름으로
나의 믿음에 능력을 더하여 주소서.

WEEK 15.

믿음은 바라는 것들의 실상이요
보이지 않는 것들의 증거니
(히브리서 11장 1절)

월. † 하나님께서 (고후 4:6)

자비로우신 하나님
복음으로 살아가는 나의 삶이
믿지 않는 이웃에게도
복이 되게 하시고
저들도 예수 그리스도의
십자가 구속의 사랑을 깨달아
보이지 않는 영원한 소망을
사모하는 믿음으로 인도하여 주소서.
내 삶이
진리 안에서 항상 새로워지는 양심으로
죽음을 두려워하지 않는
평안을 얻게 하시고
사방에서 욱여쌈을 당하여도
내 안에 계신 성령의 능력으로
항상 승리하게 하소서.
오늘도 어둠을 비추어 주시는
예수 그리스도의 사랑과 은혜로
힘들고 고단한 이웃에게
선한 위로자가 되게 하시고
복음을 자랑하는 하루가 되게 하소서.

화. † 그의 성호를 자랑하라 (대상 16:10)

지존하신 하나님
하나님의 영광을 보는
권세를 주셨으니
그 이름을 영원히 높이고
자랑하며 찬양하게 하소서.
온 세계를 심판하실 주님의
위엄과 권능을 기억하게 하시고
아브라함과 이삭과 내게 주신
약속도 천 대에까지 기억하여
약속의 땅을 바라보며
하나님의 영광을 찬양하게 하소서.
오늘도
예수 그리스도의 이름으로
내가 기뻐하고 기뻐하게 하시고
나의 인생의 시작과 끝이
주님께 속하였음이 자랑이 되며
즐거움을 주는 하루로 인도하여 주소서.

수. † 믿음이 없이는 (히 11:6)

은혜로 믿음을 주신 하나님
내가 바라는 것들에 대하여 확신하여
보이지는 않지만 사실임을 아는
그것이 믿음임을
그 믿음이 없이는 무엇으로도
하나님을 기쁘시게 할 수 없음을
내 영이 알게 하심을 찬양합니다.
세상을 움직이는
명예와 권세가 있다 할지라도
믿음이 없이는 약속하신 구원과
영생을 선물로 받을 수 없음을
성령의 은혜로 알게 하심도
고백하고 선포합니다.
내가 견디어 낸 어려움도
이룬 꿈도 이룰 소망도
예수 그리스도의 십자가의 보혈에
심장이 찔리지 않았다면
아무것에도 평안이 없었음을
고백하고 찬양합니다.

오늘도 세상이 주는 편안을
찌끼같이 여기게 하시고
내 삶에 당연한 것이 하나도
없었음을 자랑하며
나의 주 하나님의 은혜를
믿음으로 찬양합니다.
사랑합니다.

목. † 너는 그들 때문에 (렘 1:8)

모든 능력의 주인이신 하나님
모태에서 나를 짓기 전부터 나를 아시고
나를 택하시고 부르시며
"너는 내 것이라" 하신 지으신 목적대로
주님의 일을 이루시려는 완전하신
하나님의 권능을 내 영이 찬양합니다.
내게 맡겨진 사명을
상황이나 환경을 핑계하며
뒤로 물러서지 않게 하시고
나의 부족함과 허물을 인정하고
능력의 주인이신 하나님의 은혜로 얻은
믿음의 온전함을 확신하며 뜨거운 심장으로
주님의 명령에 순종하게 하소서.
오늘도 내게 맡기신
복음의 책임과 의무를 다하게 하시고
두려움을 이기는
강하고 담대한 믿음으로
나와 함께하시는 하나님의 은총을
경험하는 복된 하루가 되게 하소서.

금. † 오직 내가 이것을 (렘 7:23)

자비로우신 하나님
다음 세대를 이어 갈
자녀들을 위하여 기도합니다.
바른 믿음으로 말씀을 가르치고
온전한 마음으로 섬기라 하신 하나님의 명령을 내가 제대로 지키고 순종하고 있는지
스스로 돌아다보게 하소서.
부모 된 권한을 남용하여 욕심대로 조정하고
세상이 주는 부와 명예를 향하여
뛰어가라고 소리치고 있다면
마음을 찢고 회개하며
돌이키고 말씀 앞에 바로 서게 하소서.
마음속에 가증한 것을 품고
자녀를 위하여 기도하지 않게 하시고
종교적인 욕망으로 삶을 강요하지 않게 하소서.
오늘도 부모 된 자가 먼저
하나님의 법과 지혜를 순종하고 사모하며
하나님의 목소리에 귀를 열고
진리가 입에서 떠나지 않는
복된 하루로 본이 되게 하소서.

토. † 너의 하나님 여호와가 (습 3:17)

나와 함께하시는 하나님
나를 위하여 준비하신
구원의 완성과 영생을 기뻐하며 소망하게 하시고
거저 주신 은혜의 선물에 감사하여
주님의 성품을 닮은
삶으로 기꺼이 살아 내게 하소서.
부끄럽고 초라한 나의 믿음은
여전히 악한 길에서 서성거리고
화려한 세상의 겉모습에
마음을 빼앗기기도 하지만
하나님은 여전히 사랑으로 나와 함께하시고
나를 기뻐하시며 노래하시는
아버지 하나님 되심을 내가 기억하고
모든 악과 두려움에서 돌아서게 하소서.
오늘도 믿음은 내가 무엇을 하는 것이 아니라
하나님만 집중하여 바라보며
하나님이 하나님이신 것을 알고
그 사실을 신뢰하고 받아들이는 것임을
내 삶에서 나타내게 하소서.

4부

능력

WEEK 16.

오직 사랑 안에서 참된 것을 하여
범사에 그에게까지 자랄지라 그는 머리니 곧 그리스도라
(에베소서 4장 15절)

월. † 모든 것이 하나님께로 (고후 5:18)

예수 그리스도 안에서
새로운 피조물이
되게 하신 하나님
내 삶이 그리스도의 사랑에
온전히 붙잡히게 하시고
주님의 사랑이 지금도 살아서
역사하심을 확신케 하시니
감사드립니다.
하나님의 형상으로 나를 지으시고
화목의 직분을 주셨으니
내가 예수님을 기쁘시게 하는 것이
내 삶의 이유와 목적이 되게 하소서.
오늘도 말과 행동과 섬김으로
내게 맡겨진 화목의 직분의
책임을 다하게 하시고
거룩하신 그리스도의 대사로서
하나님의 뜻을 이루게 하소서.

화. † 네가 네 손이 (시 128:2)

복의 주인이신 하나님
삶의 목적을 알게 하시고
복된 길에 세워 주시며
끝까지 동행하여 주소서.
세상을 살아가는 동안에
삶에 필요한 수입과 지출의 문의
주인이 되어 주시고
내 손의 수고와
의미와 감사를 충만하게 하시며
심은 대로 거두는 기쁨을
내 삶이 즐거이 누리게 하소서.
오늘도 기업으로 주신 자녀와
복의 열매로 주신 생업 위에
함께하여 주시고
바르고 선한 마음으로 수고하여
하나님이 준비하신 복을
놓치지 않고 다 받아 누리게 하소서.

수. † 주께서 생명의 길을 (시 16:11)

하나님이시여
입으로만 읊조리는 영혼 없는
말들을 회개하게 하시고
한마디의 비명일지라도
하나님의 임재를 경험하는
인격적 고백이 간절하게 하소서.
삶의 현장을 벗어난 추상적인
믿음이 되지 않게 하시고
부름의 상을 위하여 부지런히
달리는 진리의 길 위에서도
바라는 것들에 대하여 확신하며
하나님의 임재를 누리는
믿음의 고백이 풍성하게 하소서.
오늘도 성령의 은혜로
닳지 않고 쇠하지 않는
기쁨이 충만하게 하시고
그리스도의 사랑으로
하나님의 영광을 맛보게 하소서.

목. † 내가 거룩하니 (벧전 1:16)

산 소망과 새 생명을 주신 하나님
예수 그리스도의 보혈의 피로
죄에서 깨끗케 하시며
무가치한 삶에서
나를 구원하여 주시고
믿음의 시련을 통하여
거룩한 백성으로 만들어 가심을
찬양하고 경배합니다.
믿음은 생각으로 행하는 것이
아닌 것을 가르쳐 주시고
오직 하나님만 의지하여
예수님이 누구이신지를
나타내는 것이 내 삶의 목적임을
내 영이 기뻐하게 하소서.
오늘도 내가 구별된 삶으로
예수 그리스도의 부활과
재림을 선포하게 하시고
성령의 은혜로 하나님의
거룩하심을 좇아 순종하는
천국 백성으로 살아가게 하소서.

금. † 내게 줄로 재어 준 구역은 (시 16:6)

자비로우신 하나님
날마다 하나님의 말씀으로
하루를 시작하게 하시고
그 말씀의 보화를 소유하게 하소서.
내게 생명의 길을 주셨으니
하나님의 약속의 말씀이
나의 믿음을 강하게 하시고
약속을 기대하는 소망이 풍성하게 하소서.
오늘도 주께서 주신 땅에서
더 큰 소망과
더 큰 비전을 위하여 기도할 때에
내 삶에 허락하신 복을
안전하게 지켜 주시고
넉넉한 수확의 기쁨도 나누고
누리게 하소서.

토. † 나는 항상 소망을 품고 (시 71:14)

영원한 피난처가 되시는 하나님
어둠이 일상을 위협하거나
악한 자들의 저주를 들을 때에도
빛이신 주님을 바라보며
소망을 가지게 하시고
내 영이 더욱 주님을 찬송하며
구원의 확신으로 나아가게 하소서.
닫히고 단절된 시대이지만
약속의 말씀에 견고히 서게 하시고
말씀을 성취해 나가실 주님을 의지하여
더욱더 기도하고
이루실 소망을 기대하며
믿음으로 기다리게 하소서.
모태에서부터 붙들어 주신 하나님께
오늘도 내 삶을 온전히 맡기고
연약한 나를 기쁘게 받으실
성령의 은혜와 사랑을
더욱더 간절히 간절하게
찬양하는 하루로 인도하여 주소서.

WEEK 17.

이는 내게 사는 것이 그리스도니 죽는 것도 유익함이라
(빌립보서 1장 21절)

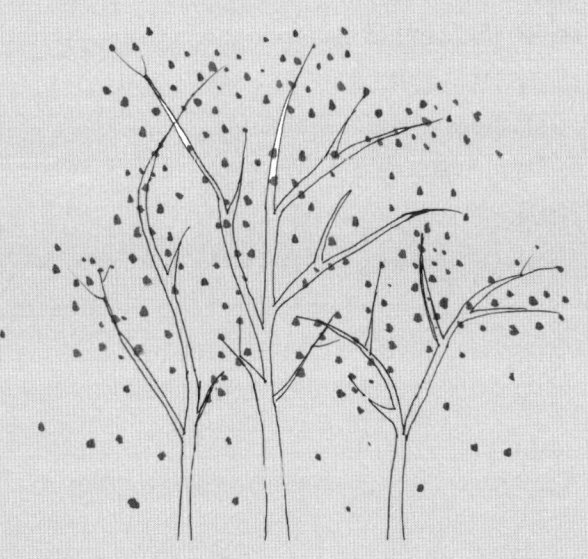

월. † 너희는 내가 (요 15:14)

나를 택하시고 세우신 예수님
내 삶의 기쁨이 되어 주시고
십자가의 사랑 안에 거하게 하시며
계명을 지키는 수고에도 기꺼이 참여하는
좋은 가지의 선한 열매로 살게 하소서.
무엇이든지 아버지의 이름으로 구하여
내게 맡기신 믿음의 터전에서도
받은 복들을 나누어 살게 하시고
주님의 향기도 드러내게 하소서.
오늘도 하나님의 사랑으로
예수님의 사랑을 증거하게 하시고
실수와 실패, 아픔과 기쁨의 현장에서도
보혜사 성령의 사랑을 닮아 가는
목적이 분명한 삶을 살게 하소서.

화. † 하나님은 나를 돕는 (시 54:4)

내가 기도하기를 원하시는 하나님
삶에서 만나는 외로움과 눈물이
하나님의 능력을 확신하는 기도가 되게 하시고
상황과 환경이 주는 두려움이
믿음으로 버티는 억척스러운
용기가 되게 하소서.
주님의 은혜와 사랑을
사탄이 약탈해 가지 않도록 불평하고
낙심하는 비겁한 연약함을 벗어 버리게 하시고
아침마다 주시는 말씀을 붙잡고
주님의 도움을 갈망하며
은혜의 보좌 앞에 서게 하소서.
오늘도 말씀으로 내 영혼을 씻고
육신을 태우며 내 삶의 주인이신
하나님의 거룩함을 닮아 가기를
몸부림치는 처절한 믿음의 고백이
있게 하소서.

수. † 가난한 자를 (잠 19:17)

가난한 마음을
불쌍히 여기시는 하나님
보잘 것 없는
내 삶의 작은 조각들을 모으시어
복음의 선한 열매가 되게 하시고
소소하고 작은 일상이지만
나의 수고가 이웃을 위한
축복이 되게 하시며
힘들고 어려운 이웃의 마음을
긍휼히 여기는 믿음의 부자로 세워 주소서.
또 나의 삶이 하나님의 뜻에 순종하고
주님의 성품을 닮아 가며
하나님의 나라를 사모하여
자랑하고 선포하게 하소서.
오늘도 나의 하루가
예수 그리스도의 복음이
삶의 목적이 되게 하시고
마음이 가난한 이웃을 위하여
기도하는 하루가 되게 하소서.

목. † 내가 그들에게 (겔 11:19)

자비로우신 하나님
아침마다 부드럽고 섬세한 영을 주시고
돌같이 굳어 버린 심장에
그리스도의 보혈이 수혈되어
날마다 새로운 호흡으로
산 소망을 기대하며 전진하게 하소서.
육체는 세상에서 살아가고 있지만
하나님을 아는 하나님의 백성으로
하나님의 나라를 섬기게 하시고
새 영과 새 마음으로
내가 볼 수 있는 것을 넘어
내주하시는 성령이 보시는 것을
내 영이 보게 하소서.
고난의 광야에서도
하나님의 섭리 안에 서게 하시고
하나님의 보호하심을 받는
복된 성도가 되게 하소서.
오늘도 하나님의 법을 사랑하여
나는 하나님의 백성이 되고
하나님은 나의 왕이 되어 주소서.

금. † 마음을 같이하여 (빌 2:2)

복음을 지키는 일에 힘쓰도록
나를 부르신 하나님
어떠한 상황에서도 내 삶이
십자가의 사랑을 배신하지 않게 하시고
보혈의 복음을 지키는 일이
내가 살아가는 이유와 목적임을
내 삶이 나타내고 선포하게 하소서.
예수 그리스도의 복음의 길 위에서
내 삶이 만난 기쁨과 슬픔
고난까지도 구원을 이루기 위한
하나님의 은총임을 내가 확신하고
내가 맛본 그리스도의 사랑이
위로가 되어 이웃으로 흘러가게 하소서.
오늘도
그리스도의 복음으로 인하여
미움을 받는 것이
하나님께 영광이 되나니
성령 안에서 서로 교제하고
마음과 뜻이 하나 되는 일에 쓰임받게 하소서.

토. † 네 마음을 다하고 (마 22:37)

예수 그리스도의 보혈로
구원해 주신 하나님
하나님께서 찾으실 때에
예수 그리스도를 믿는 믿음이
항상 준비되어 있게 하시고
하나님께 예배하는
기쁘고 즐거운 마음의 감동도
늘 충만하게 하소서.
완전한 대속물이 되신
예수님의 사랑을 본받아
마음과 정성과 목숨을 다하여
하나님만 따르고 사랑하게 하시고
나의 필요와 만족, 성공을 위하여
그리스도 앞에 서지 않게 하소서.
오늘도 값없이 사랑하신
그리스도의 사랑을
진심으로 닮아 가게 하시고
받은 사랑을 이웃에게도 실천하는
복된 하루가 되게 하소서.

WEEK 18.

내가 복음을 부끄러워하지 아니하노니
이 복음은 모든 믿는 자에게 구원을 주시는
하나님의 능력이 됨이라
먼저는 유대인에게요 그리고 헬라인에게로다
(로마서 1장 16절)

월. † 그는 우리 영혼을 (시 66:9)

전능하신 하나님
내가 아무것도 할 수 없다는
상실감으로 휘청거리고 흔들릴 때에
나를 불러 주시고 찾아 주소서
또 하나님의 질서를 어지럽히는
악한 자들의 계략이 주님의 발 앞에서
고꾸라지는 모습을 보게 하소서.
그리하여 주님께서 행하신
놀라운 일들을 기억하게 하시고
하나님께서 내게 주신
평화와 복들을 일일이 호명하여
눈으로 보게 하소서.
오늘도 성령의 충만함으로
하나님의 이름을 찬양할 때에
내 영혼을 강건케 하시고
미끄러지게 하고
넘어뜨리려는 사탄의 계략이
먼지처럼 흩어지게 하소서.

화. † 너희는 가만히 있어 (시 46:10)

언제나 힘이 되시며
고비마다 함께하시는 하나님
더 이상 피할 수 없는 공포와
육체가 눌리는 두려움 앞에서도
성령의 은혜에 붙잡히게 하시고
흔들리는 믿음도 진리이신
말씀에 붙들리게 하소서.
세상이 저마다의 호령으로
소리를 내고 힘자랑을 하지만
하나님의 기침 소리에
나라들이 떨고 땅이 녹아 흐르며
바다가 용솟음치는 것을 보게 하시고,
지존하신 하나님의 위엄에 놀라서 자빠지는
미련한 자들의 현장을 보게 하소서.
오늘도 세상의 부와 편리함에
물든 나의 생각과 의지를
십자가의 보혈로 씻어 주시고
내가 믿고 의지하는 것이
하나님이심을 확언하며 분주한 일상을 멈추고
하나님을 향하여 서게 하소서.

수. † 시험에 들지 않게 (마 26:41)

하나님의 아들이신 예수님
용서하여 주소서.
내 삶에서 나를 위하여
주님이 베푸신 사랑을 알기 위해
몸부림친 간절함이 없었습니다.
저주의 형틀을 짊어지시고
그 고통을 묵묵히 감당하신
주님의 애끓는 사랑을 외면하며
낙심하고 원망하고 불평하기만
했던 형편없는 믿음을
용서하여 주소서.
이제는 주님이 나를 위하여
천지의 주인이심을 내려놓고
십자가를 지신 것처럼
복음을 위하여 당하는 고난 앞에서
담대한 믿음으로 서게 하시고
오늘도 십자가의 길 끝에 있는
생명의 면류관과 영생을 소망하며
시험에 들지 않게 깨어 기도하는
복된 성도의 자리에 서게 하소서.

목. † 나를 사랑하는 자들이 (잠 8:17)

사랑의 본질이신 하나님
내가 하루를 시작할 때에
하나님의 사랑을 찾는 수고와
간절한 마음을 주시고
말씀 안에 있는 지혜를
꾸준히 사랑하는 신실함도 주소서.
세상에 마음을 빼앗기지 않도록
성령의 은혜를 따라
하나님의 사랑 안에 거하고
모든 것을 기뻐하고 감사하는
복된 삶으로 인도하여 주소서.
오늘도 진리의 말씀 안에 있는
예수 그리스도의 사랑을
내 삶의 우선순위에 두게 하시고
나 같은 미련한 자를 품으시며
공의를 베푸시는
성실하신 하나님의 사랑을
찾고 발견하는 수고를 즐거이 행하는
복된 하루가 되게 하소서.

금. † 일의 결국을 다 들었으니 (전 12:13)

역사의 주인이신 하나님
내게 허락된 시간의 끝이 보이기 전에
창조주이신
하나님을 기억하게 하시고
하나님을 노력과 지식이
얼마나 허무한 것인지를
깨달아 알게 하시며
삶의 곤고함이 오기 전에
전능자이신 하나님을 기억하게 하소서.
땅의 것을 얻으려고
이기적인 욕망에 집착하는
죄악은 미워하게 하시고
심은 대로 거두게 하시는 주님의 사랑을
기뻐하며 부지런히 가꾸어
이웃과 나누는 삶이 되게 하소서.
오늘도 하나님을 경외하는 일이
나의 본분임을 잊지 않게 하시고
하나님의 명령을 지켜
하나님의 살아 계심과 인도하심을 경험하는
구원의 감격이 충만한 하루가 되게 하소서.

토. † 또 청결하고 정직하면 (욥 8:6)

자비로우신 하나님
삶에서 어려움을 만날 때
나의 경험과 상황으로
이유를 결정하지 않게 하시고
진리 안에 바르게 서서
하나님께 뜻을 묻고 고민하게 하소서.
나의 경험보다
내가 아는 지식보다
하나님은 더 완전하신 분이심을 고백하고
선포하고 확신하며
더 예민하게 말씀 앞에 서서
기도하게 하소서.
오늘도
하나님의 자비하심과 긍휼하심이
나의 일상을 인도하여 주시고
어떤 불안과 위험에서도
안전하게 지켜 주실 것을 믿으며
주의 빛 안에서 평화를 맛보게 하소서.

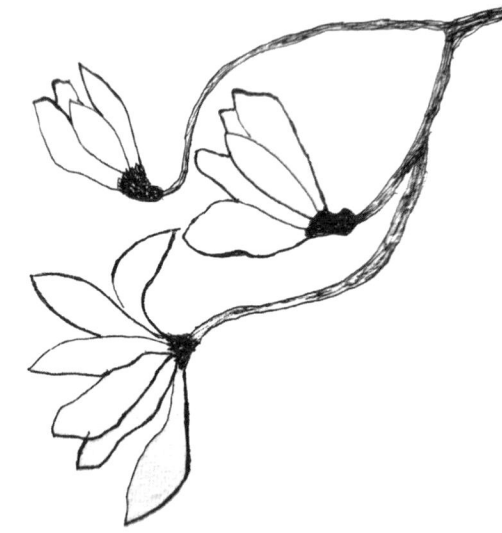

WEEK 19.

그러므로 하나님의 능하신 손 아래에서 겸손하라
때가 되면 너희를 높이시리라
(베드로전서 5장 6절)

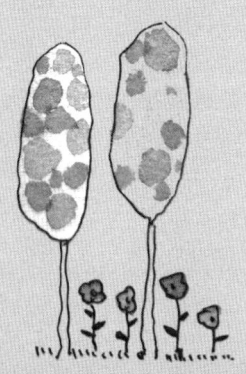

월. † 내가 진실로 (마 19:23)

하나님 아버지
어린아이와 같은 순전한 마음으로
하나님의 나라를 사모하게 하시고
세상이 주는 어떤 소유물도
하나님보다 우선순위에 두지 않게 하소서.
또 내 삶을 예수님께 전적으로
맡기는 믿음을 허락하여 주시고
하나님의 계명에 순종하여
완전하신 하나님의 언약 안에 머무르는
복된 자녀가 되게 하소서.
오늘도
세상이 주는 편안함에서
깨어나게 하시고
예수님과 함께
예수님의 복음을 위하여
예수님을 따라 살아가는
복된 인생이 되게 하소서.

화. † 여호와를 경외하며 (시 128:1)

자비로우신 하나님
나의 삶으로 하나님을 공경하고
두려워하는 예민함을 주시며
진리에 목마른 복된 삶이 되게 하소서.
내게 맡기신 가정과
자녀를 위하여 기도하며
수고함이 기쁜
복된 가정으로 인도하여 주시고
자녀를 위하여 예비하신
형통의 복을 누리게 하소서.
오늘도 삶이 주는 낙심에서
자유롭게 하시고
두려움을 이기는 평안으로
말씀을 붙잡고 살아가며
하나님을 섬기고 예배를 기뻐하는
복된 가정이 되게 하소서.

수. † 육신의 생각은 사망이요 (롬 8:6)

아버지 하나님
하루가 시작되는 찰나부터
하루를 마감하는 순간까지
하나님께서 나와 함께하심을
믿고 의지하게 하소서.
삶에 필요한 수고와
좋은 풍경을 볼 때도
길을 걷고 사람을 만날 때에도
순간마다 하나님을 기억하고
하나님의 임재를 경험하며
고백하게 하소서.
어떤 상황과 현장이
나를 지치게 하고 내칠지라도
주님을 신뢰하고 순종하게 하소서.
오늘도 천국 백성으로서의
기쁨과 감격이 살아 있게 하시고
성령이 주시는 평안과 위로를
누리게 하소서.

목. † 여호와를 따르는 (삼상 12:20)

왕이신 하나님
나의 이기심이 나의 욕망이
하나님의 자리에
세상살이에 편하고 좋은
우상을 세워 두고
원하는 모양대로 채워서
만족하며 살아가려 합니다.
나의 왕이신 하나님이시여
하나님 앞으로 나아와
마음을 찢고 회개하며
돌이켜 기도하게 하소서.
내게 행하신 놀라운 일들을
기억하여 선포하게 하시고
두려운 마음으로 주님을 경외하며
마음을 다하여 섬기게 하소서.
오늘도 내 속에 숨겨 둔
더러운 우상을 내버리고
나의 왕, 하나님께로 나아와
내게 행하실 큰일을 확신하고 소망하는
복된 자가 되게 하소서.

금. † 이 세상도 (요일 2:17)

지금도 살아서
역사하시는 하나님
예수님의 보혈로
모든 죄와 악에서 건져 주시고
의롭게 하셨으니
완전하신 하나님의 사랑과 은혜로
내 영이 항상 충만하게 하소서.
하나님 앞에서
내 삶을 변호해 주시는
예수 그리스도의 지극하신 사랑을
바르게 알고 전하는 사명이
내게도 있음을 숙지하여
거짓이 없으신 성령의 가르침을
따르고 순종하게 하소서.
오늘도 사라져 버릴
허탄한 것들을 내려놓고
예수 그리스도 안에서
하나님의 뜻대로 행하며
영생을 소망하는 복된 삶이 되게 하소서.

토. † 그를 향하여 (요일 5:14)

아버지 하나님
하나님을 사랑한다는 것은
하나님의 명령을
내가 지키는 것임을 알게 하시고
하나님의 명령을 충성하신
예수님의 사랑을
내 삶이 본받게 하소서.
하나님의 뜻을 알기 위하여
부지런히 말씀 안에 서게 하시고
물과 피로 오신 예수님을
증언하는 성령의 음성에 귀를 기울여
예수님의 뜻을 이루는 것이
내 삶의 목적이 되게 하소서.
오늘도 하나님의 전적인 은혜로
값없이 얻은 영생의 선물이
세상을 이기는 힘과 능력임을 깨닫게 하시고
예수 그리스도의 이름으로
하나님의 뜻을 구하여
지키고 충성하게 하소서.

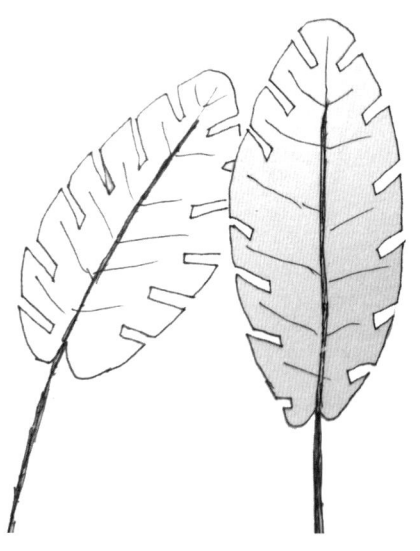

WEEK 20.

내 평생에 선하심과 인자하심이 반드시 나를 따르리니
내가 여호와의 집에 영원히 살리로다
(시편 23편 6절)

월. † 그의 영광의 풍성함을 (엡 3:16)

은혜가 풍성하신 하나님
예수 그리스도의 보혈을
믿고 의지하는 복된 자녀가 되게 하소서.
성령을 통하여
예수 그리스도의 사랑을
날마다 체험하게 하시고
하나님의 충만함으로
내 영이 풍성하게 채워져
날카롭고 불친절한 말과
이기적인 욕심으로부터
과감히 돌아서게 하소서.
어떤 어려움이나 실망과 좌절이
믿음의 뿌리를 흔들지라도
하나님의 능력과 은혜로
속사람을 더 강건하게 세워 주시고
그리스도의 사랑 안에서
크신 하나님의 영광을 바라보며
오늘도 복음의 선한 열매를 위하여
부지런히 달리게 하소서.

화. † 내가 사망의 음침한 (시 23:4)

영원히 함께하시는 하나님
나의 영혼이
햇살의 풍요로움과
하늘과 바람이 주는
평화를 누리게 하소서.
흐르는 시간 속에서 찾아오는
낯선 손님들에게도 친절한
마음을 품게 하시고
소소한 일상의 텃밭에서도
넉넉한 성품을 소유하게 하소서.
어떤 자리에 있든지
하나님 편에 서게 하시고
무엇을 하든지
그리스도의 능력을 의지하여
담대히 행하게 하소서.
오늘도 나의 영이
하나님의 은혜 안에 머물고
항상 함께하시는
예수님의 흔적을 닮아 가는
하루로 살게 하소서.

수. † 의인의 소망은 (잠 10:28)

지혜가 풍성하신 하나님
하나님을 기쁘시게 하는
마음이 지혜로운 사람이
되게 하시고
선하고 부지런한 손으로
수확한 좋은 열매를 창고에 들이는
복을 누리게 하소서.
부정한 이익은 무가치한 것이니
하나님의 교훈을 사랑하여
바르고 곧은길로 가게 하시고
난폭한 언어와 불평은
미련한 자들의 것이니
사람을 살리는
경건한 입술을 가지게 하소서.
오늘도 하나님의 법이
내 영의 피난처가 되게 하시고
하나님을 경외하는 자가 얻는
의인의 즐거움에 참여하는
복된 자가 되게 하소서.

목. † 너희는 여호와를 (사 55:6)

늘 좋은 것을
주시기를 원하시는 아버지 하나님
삶으로 가는 문이 닫히고
먹어도 먹어도 배고픈 차갑고 시린 외로움에
일상이 흔들리며 휘청거릴 때에도
성실하신 하나님을 찾아 영혼을 살찌우는
은혜를 바라고 구하게 하소서.
세상이 주는 만족에 편안해지고
하나님을 향한 찬양이 무거워지면
하나님께로 나아가
하나님을 부르며
하나님의 말씀에
귀를 기울이고 듣게 하소서.
오늘도 전심으로
하나님의 자비를 구하며
나의 주 나의 왕이신
하나님 곁으로
가까이 더 가까이 나아가는
은혜와 사랑을 충만하게 하여 주소서.

금. † 사람의 마음에는 (잠 19:21)

자비로우신 하나님
함께 기도하고 마음으로 연합하는
믿음의 동역자들을 주심을 감사합니다.
복음의 길 위에서도
삶의 어려움을 서로 돕고 섬기며
믿음으로 세워 주고 위로하는
교회 공동체가 되게 하소서.
그 길의 주인은
오직 하나님이시니
하나님의 말씀 안에서
마음이 하나 되게 하시고
하나님의 뜻을 이루고 성취하는
삶이 되게 하시며
성령의 사랑과 은혜도
풍성하게 누리게 하여 주소서.
오늘도 하나님이 부르신 곳에
시선이 멈추어 서고
그리스도 예수 안에서
하나님의 뜻을 드러내는
복된 삶으로 인도하여 주소서.

토. † 내가 두려워하는 날에는 (시 56:3)

거룩하신 하나님
주신 하루를 의미 없이
시작하지 않게 하시고
날마다 가슴이 뛰는
새로운 하루를 기대하며 시작하게 하소서.
세상이 교회를 향하여 창을 던지고
믿는 자들을 폄하하며
참으로 연약한 나를
두려움으로 침몰시키려 하지만
하나님만 의지하는
나의 믿음과 마음의 평화를
흔들 수 없음을
어리석은 저들이 알게 하여 주소서.
오늘도 두렵고 떨리는
일상을 만날지라도
주의 손을 굳게 붙잡고
두려움의 영에 지지 아니하며
하나님의 말씀을 찬양하는 기쁨이
충만한 하루로 인도하여 주소서.

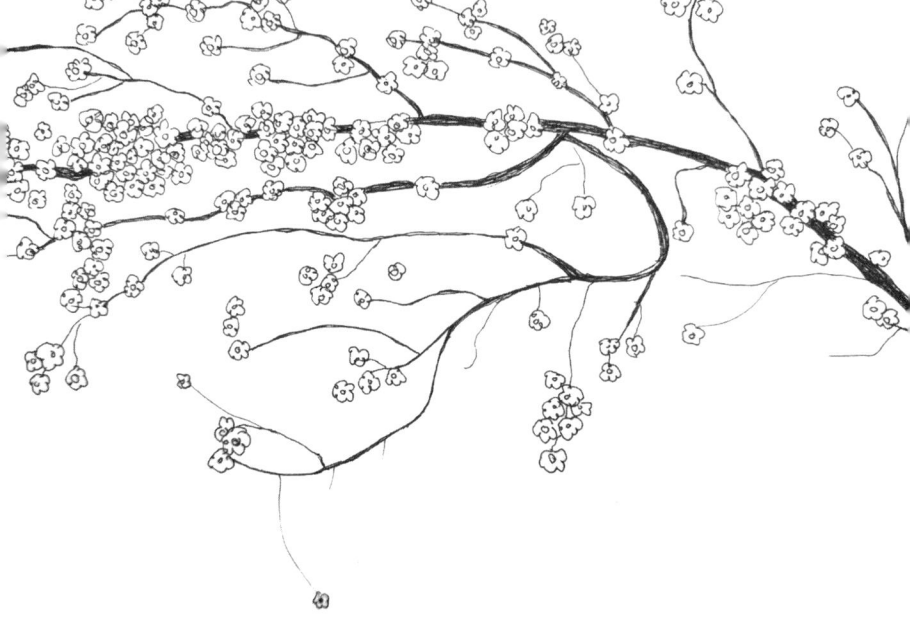

WEEK 21.

너희 하나님 여호와가 너의 가운데에 계시니
그는 구원을 베푸실 전능자이시라 그가 너로 말미암아
기쁨을 이기지 못하시며 너를 잠잠히 사랑하시며
너로 말미암아 즐거이 부르며 기뻐하시리라 하리라
(스바냐 3장 17절)

월. † 아무 것도 염려하지 말고 (빌 4:6)

은혜가 풍성하신 하나님
진리 안에서 자유롭게 하셨으니
가치가 있는 것과
선하고 참된 것들을 추구하게 하시며
복음을 향한
나의 열정이 변하지 않도록
내 삶도 안전하게 지켜 주소서.
또 내 삶의 주관자이신
하나님께로 직진하는 은혜를
날마다 구하게 하시고
모든 상황과 환경을 이기는
예수 그리스도의 사랑으로
육체의 소욕을 과감히 끊어 내는
성숙한 믿음도 허락하여 주소서.
오늘도 나의 필요를
감사함으로 하나님께 구하여
나의 하루가 풍성하게 채워지는
기쁨과 즐거움을 누리게 하소서.

화. † 하나님의 나라는 (롬 14:17)

성령 안에서 의와 평강과 기쁨을
누리기를 원하시는 하나님
내가 중심이 되고 복음이 되는
거만한 삶을 철저하게 회개하게 하시고
예수 그리스도의 복음으로 살아가는
내 삶의 우선순위가
하나님의 나라와 뜻이 되게 하소서.
매일매일 찾아오는
욕망의 옷을 벗어던지고
날마다 말씀 안에 서서
말씀을 묵상하고, 깨달은 은혜에 순종하며
덕을 세우는 삶으로 인도하여 주소서.
오늘도 하나님의 약속을 신뢰하고
확신하는 삶이 되게 하시고
하나님을 기쁘시게 하는 믿음으로
삶의 필요가 채워지며
부르신 목적대로 살아가는
거룩한 성도의 삶이 되게 하소서.

수. † 그가 사모하는 영혼에게 (시 107:9)

늘 좋은 것들로 채우시는 하나님
하나님의 사랑과 은혜를 찬양합니다.
주리고 목마른 영혼에게
성령의 단비를 주시고
주의 자비와 은총을
매일의 삶에서도 경험하고
누리게 하소서.
지나온 고통 속에
붙들리지 않게 하시고
고통 가운데서 건져 주신
주의 은혜를 찬양하며
믿음으로 전진하게 하소서.
오늘도 성령의 사랑으로
내 삶이 채워지고
내 영이
부활의 영광을 보게 하시며
마른 땅이 넘치는 샘이 되는
믿음의 부흥을 보게 하소서.

목. † 의인의 길은 정직함이여 (사 26:7)

자비로우신 하나님
하나님의 영원하신 사랑을
날마다 새롭게 선포하게 하시고
늘 변함없는 믿음을 소유하게 하소서.
영원히 영원토록 하나님만
신뢰하고 확신하게 하시고
믿음으로 얻은 구원의 감격과
은혜로 주신 참된 평화를
조금도 의심하지 않게 하소서.
오늘도 주님을 사랑하는 자들에게 주시는
생명의 면류관을 기대하게 하시고
성령의 사랑을 의지하여 찬양하며
동행하게 하소서.

금. † 하나님께서 구하시는 (시 51:17)

아버지 하나님
아침마다 베푸시는 자비로
죄로 인하여 깨어진 마음이
온전히 회복되어
내 삶의 터전이 변화되는
십자가의 기적을 날마다
경험하는 일상으로 인도하여 주소서.
모든 죄악에서 돌이켜
창조의 목적대로 쓰임받게 하시고
하나님의 뜻과
나의 꿈이 하나 되어
주님이 축복하시는
진심이 가득한 삶이 되게 하소서.
오늘도 내 모든 죄들을
깨끗하게 하여 주시고
마음의 평화와 용서하는 삶과
하나님의 사랑을 나누는
그리스도의 마음을 품는 하루가
되게 하소서.

토. † 범사에 우리 주 (엡 5:20)

사랑의 본질이신 하나님
하나님의 사랑을 입은
자녀로서의 합당한 언어와
선한 행동과 입술의 감사가
넘치는 삶을 허락하여 주소서.
이제는 빛의 자녀가 되었으니
하나님을 기쁘시게 하는 일을 사모하게 하시고
죄에 물들지 않도록
생활을 살피는 지혜를 구하여
선하고 의로운 삶을 추구하게 하소서.
때가 악할수록
주님이 원하시는 뜻이 무엇인지
분별하는 능력을 구하게 하시고
그리스도의 몸인 교회를 위하여
기도하게 하소서.
오늘도 그리스도를 두려워하며
존경하는 마음으로 서로 순종하는
가정이 되게 하시고
그리스도의 이름을 감사하는
성령의 은혜가 충만하게 하소서.

WEEK 22.

여호와께서 환난 날에 나를 그의 초막 속에 비밀히 지키시고
그의 장막 은밀한 곳에 나를 숨기시며
높은 바위 위에 두시리로다
(시편 27편 5절)

월. † 주를 찾는 자는 (시 40:16)

의로우신 하나님
진실로 진실로 아침마다
하나님의 이름을 부르며
하나님을 기다립니다.
내 삶을 평탄케 하시는
하나님의 이름을
아침마다 노래하며
주의 나라를 찬양합니다.
내 삶의 수레바퀴를 붙드시고
흔들리지 않게 하시며
주의 말씀으로
나의 길을 인도하시니
내가 아침마다 주의 구원으로
즐거워하고 기뻐합니다.
오늘도 나는
가난하고 연약한 자이나
주께서 나를 강하게 하시고 도우시리니
성령의 사랑과 충만한 은혜로
진리와 선함이
가득한 하루가 되게 하소서.

화. † 새 계명을 너희에게 주노니 (요 13:34)

사랑이신 하나님
나를 살리기 위하여
대신 죽으신 예수님의 사랑을 본받게 하시고
그 사랑으로 형제를 사랑하게 하소서.
나를 미워하고 핍박하는 이웃을 사랑하고
기도하는 것이 그리스도의 사랑을 닮아 가는
믿음의 본질임을 기억하게 하시고
나를 사랑하신 그 사랑으로
예수님의 이름이 선포되고 드러내는
복음의 증인된 삶을 사모하고 소망하게 하소서.
오늘도 허물을 가려 주는
그리스도의 사랑으로
넘치는 이기심을 버리게 하시고
하나님의 사랑 안에 거하여
그리스도의 사랑이
내 삶의 목적이 되게 하시며
나를 살리신 예수님의 사랑을
애통한 마음으로 닮아 가는
하루가 되게 하소서.

수. † 왕이신 나의 하나님이여 (시 146:1)

하나님이시여
내 영이 온종일 주님을 찬양하며
내 평생이 하나님을 찬양하게 하소서.
사라져 갈 세상의 권세자들에게
머리를 조아리며 빌붙지 않게 하시고
오직 여호와 나의 하나님께 소망을 두는
복된 자가 되게 하소서.
하나님을 사모하는 열정을
날마다 새롭게 하시고
나의 마음의 기쁨이 하나님께 연납되어
겸손을 배우고 죄를 멀리하게 하소서.
오늘도 영원히 신실하신
하나님을 끝까지 의지하여
내 삶의 주인 되심을 선포하고
나의 삶을 통하여
하나님의 이름을 찬양하게 하소서.

목. † 만일 그리스도인으로 (벧전 4:16)

자비로우신 하나님
그리스도께서 대신 고난을 받으심으로
육체의 고난을 끊어 주셨으니
하나님의 뜻을 따라
성령의 은혜에 순종하는 삶으로
고난에서 자유롭게 하소서.
또 주님이 주신 은사대로
부지런히 쓰임받게 하시고
시작과 끝의 주관자이신
하나님의 영이 항상 함께하심을
날마다 새롭게 기억하며
하나님의 뜻대로 온전한 인내를 이루게 하소서.
오늘도 영적 전쟁에서 승리하게 하시고
오직 예수 그리스도의 이름과
십자가의 보혈을 자랑하며
하나님께 영광을 돌리는
하루로 인도하여 주소서.

금. † 내가 주의 인자하심을 (시 31:7)

하나님이시여
세상적 가치관으로
삶을 폄하하지 않게 하시고
나의 허물과 부끄러움까지도
보호해 주시는 하나님의 은혜에
주리고 목마른 굳센 믿음을
사모하게 하소서.
욕망을 탐하며 살아가는
인생들과 비교하는 어리석은
죄를 짓지 않게 하시고
진리이신 주님께 삶을 맡기며
그리스도의 평안에 붙잡힌
선한 삶으로 인도하여 주소서.
오늘도 내 영혼의 아픔과
내가 당하는 고난을 아시는
성령의 사랑 안에 거하여
기뻐하고 즐거워하는 하루로
나의 믿음을 확정하는 복된 자가
되게 하소서.

토. † 믿음으로 모든 세계가 (히 11:3)

전능하신 하나님
믿음은
바라는 것들의 실상을
이루기 위하여 목표를 세우고
그것을 꿈꾸며 기대하는 마음으로
기도하며 확신하는 것이오니
마음을 다하여 간절히 기도하게 하소서.
하나님의 말씀으로
세상이 창조되었음을
내가 믿음으로 고백하는 것은
나의 마음이 보이지 않는
소망을 향하여 나아가고
내가 그것을 의심하지 않는 것임도
깨달아 알게 하소서.
오늘도 믿음의 터를 다지는
창조적인 생각을 하게 하시고
믿음의 뿌리가 견고해지는
주의 법을 사랑하는
복된 자가 되게 하소서.

WEEK 23.

하늘로부터 소리가 나기를 너는 내 사랑하는 아들이라
내가 너를 기뻐하노라 하시니라
(마가복음 1장 11절)

월. † 그러므로 이제부터 (엡 2:19)

그리스도를 통하여
새 생명을 주신 하나님
불순종과 죄로 인하여
죽을 수밖에 없는 나를
전적인 하나님의 은혜로
구원과 영생을 선물로 주셨으니
그 은혜의 풍성함을 날마다 경험하게 하소서.
나의 나 된 것은 하나님의 은혜이시니
내가 받은 은혜가 헛되지 않도록
그리스도의 은혜 가운데서 살아가게 하시고
구원의 감격을 새롭게 누리게 하소서.
오늘도 그리스도 안에 있는
내 삶이 변화되고
하나님의 거룩한 백성으로
하늘의 시민임을 자랑하며
성령 안에서
하나님의 영이 거하시는 집으로
그리스도와 함께 지어져 가는
복된 자가 되게 하소서.

화. † 내가 그들에게 (겔 11:19)

자비로우신 하나님
주님이 사랑하시는 자들의
마음이 하나 되게 하시고
나누어진 마음도 하나 되는 회복을
매일같이 경험하게 하소서.
죄의 씨앗이 열매 맺지 못하는
살같이 부드러운 마음을 주시고
죄가 왕 노릇 하던
굳은 마음도 변하여
약속의 말씀들로 가득 차게 하소서.
오늘도 내 안에 있는
돌 같은 마음이 제거되고
예수 그리스도의 사랑으로
새 마음과 새 영으로만
숲을 이루게 하소서.

수. † 자유롭게 하는 (약 1:24)

지혜가 풍성하신 하나님
바람을 맞은 열매가 더 단단해지듯
복음을 방해하는 견고한 진을
무너지게 하는 능력은
시련을 이겨 낸
강한 믿음으로부터 나오는 것임을
깨달아 알게 하소서.
믿음의 시련이 어린 믿음을
완전하고 성숙한 신앙인으로
성장하는 기회가 되게 하시고
믿음의 길의 이정표는
예수 그리스도 한 분이심을
날마다 고백하게 하시며
끝까지 흔들리지 않는 믿음으로 붙들어 주소서.
오늘도 자유롭게 하는
온전한 율법을 사모하여
세상의 악에 물들지 않도록
나를 지키게 하시고
말씀을 듣고 행하는 선하고
바른 신앙을 소유하게 하소서.

목. † 우리가 잠시 받는 (고후 4:17)

자비로우신 하나님
어떤 상황에서든지 찾아오는
고난을 이겨 내는 지혜를 주시고
하나님이 주실 영광도 기대하는
삶이 되게 하소서.
내가 가진 제한된 시선으로
고난을 피하지 않게 하시고
믿음의 눈으로 바라보며 당당히 맞서서
온전한 인내를 이루어 내는
복된 삶이 되게 하소서.
보이지 않는 영원한 것을
믿음으로 확신하게 하시고
고난을 영광으로 주시는
복음의 빛이 내 안에 가득하여
내 영이 새롭게 됨을 날마다 경험하게 하소서.
오늘도 순결한 마음으로
하나님의 말씀을 사모하여
내 삶이 영원히 영원한 영광을
온전히 이루게 하소서.

금. † 여호와의 영이 (삼상 10:6)

거룩하신 하나님
늘 같은 자리에 머물러 있지 않게 하시고
그리스도의 사람으로 변화되기 위하여
진리에 목마르게 하소서.
죄의 종으로 두려움에 갇혀 있던 인생에게
하나님의 영을 주셨으니
날마다 마음을 새롭게 정비하여
하나님의 선하시고 기뻐하는 뜻이
무엇인지 분별하는 지혜를 구하게 하시고
육신의 편안함만 추구하려는
자아를 내려놓게 하소서.
하나님의 영으로 변화된 삶이
하나님의 방법대로 쓰임받게 하시고
삶의 부분이 아니라 삶의 전체를 주님께 맡기는
겸손한 믿음으로 인도하여 주소서.
오늘도 나를 부인하고
그리스도의 이름이 자랑이 되는
순전한 믿음을 주시고
내 몫의 십자가를 기꺼이 지는
하루를 살게 하소서.

토. † 너는 물 댄 동산 같겠고 (사 58:11)

항상 함께하시기를
기뻐하시는 하나님
늘 확신하는 목소리로
하나님의 이름을 부르게 하소서.
사람에게 보이기 위하여
외식하지 않게 하시고
의로운 척 거만한 마음을 미워하게 하소서.
내 마음에 드는 일과
나의 뜻만 고집하는
이기적인 욕심은 버리게 하시고
배려하고 섬기고 나누는
성령의 열매를 사모하게 하소서.
오늘도 나보다 늘 앞서 가시고
나의 음성을 기억하시는
나의 주 나의 하나님을
자랑하는 하루가 되게 하시고
나의 믿음을 물 댄 동산처럼
또 마르지 않는 샘같이
날마다 깊고 푸른 계절 한가운데 세워 주소서.

WEEK 24.

그가 찔림은 우리의 허물 때문이요 그가 상함은 우리의 죄악
때문이라 그가 징계를 받으므로 우리는 평화를 누리고
그가 채찍을 맞으므로 우리는 나음을 받았도다
(이사야 53장 5절)

월. † 사람이 무엇이기에 (시 8:4)

나의 주 나의 하나님
하나님의 손으로 만드신
꽃의 색이 시간마다 다르고
바람의 살랑거림이 다르며
햇살의 미소가 다릅니다.
초록이 익어 가고 나뭇잎이 물이 들고
텁텁함이 달콤해지는 낮과 밤이
햇살과 바람이 성실히 땀을 흘리니
수확의 기쁨을 노래합니다.
주님이 지으신 우주 속에서
먼지처럼 가볍게 사라져 갈 인생을
소중하고 존귀한 존재로 삼으시고
기억하시며 돌보아 주심도 확신하오니
오늘도 하나님이 지으신
목적대로 인도하여 주시고
어린아이와 같은 순전한 믿음으로
주님의 형상을 닮아 가는 은혜와 감사가
풍성한 하루가 되게 하소서.

화. † 내가 간구하는 날에 (시 138:3)

하나님이시여
마음을 다하여 충만한 기쁨으로
주의 이름을 찬양합니다.
모든 위험에서 지켜 주시는
주의 성실하심과
이기심을 이기게 하시는
성령의 은혜를 자랑합니다.
연약함을 인정하게 하시고
나를 부인하게 하시는
성령의 사랑도 자랑합니다.
오늘도 주의 이름을 불렀을 때
담대한 믿음을 주시고
내 영을 강하게 하시며
내게 행하신 일들을
노래하게 하심을 찬양하게 하소서.

수. † 여호와의 인자하심과 (시 107:31)

자비로우신 하나님
하나님의 사랑은
영원하심을 찬양합니다.
죄를 미워하는 마음을 주시고
고통 중에서도
주님을 바라보는 지혜를 주시며
악한 자들로부터 지켜 주심도 감사합니다.
휘청거리는 삶을 흔들리지
않도록 붙들어 주시고
고비마다 친구가 되어 주신
내 삶의 주인이신
예수님의 이름도 찬양합니다.
오늘도 변함없는 사랑과
은혜를 경험하게 하시고
인생에게 행하신 기적을 누리는
복된 하루가 되게 하소서.

목. † 내게 주신 모든 은혜를 (시 116:12)

신실하신 하나님
내 안에 하나님의 영을 주시고
나보다 앞서가셔서
내 삶을 인도하시며
내 눈의 눈물을 씻어 주신
주의 은혜를 찬양합니다.
돌아다보아도 주님이시고
멈추어서도 주님이시며
앞으로 가도 주님이십니다.
나의 호흡이 멈추는 그날까지
내가 하나님만 의지하고 의지하며 살겠습니다.
날마다 은총을 입고
날마다 기적을 경험하고
날마다 하나님과 동행하는 기쁨을 맛보겠습니다.
오늘도 내 영이
더 새롭게 변화된 모습으로
주님께로 향하여 가겠습니다.
사랑합니다.
사랑합니다. 나의 하나님.

금. † 모든 기도와 간구를 (엡 6:18)

전능하신 하나님
세상의 평화로 가장한
악한 영들이 파 놓은 함정과
유혹에 빠지지 않도록
복음의 능력과
강하고 담대한 믿음으로
무장하게 하소서.
정의가 무너진 세상에서
거짓을 선으로 둔갑시키고
사람들의 마음을 빼앗는
악한 영의 계략을
믿음의 방패와 진리의 칼로
끊어 내게 하시고
복음으로만 충만한 삶이
되게 하소서.
오늘도 성령 안에서 기도하고
곧고 바른길에 서서
필요한 모든 것을 하나님께 구하여
정의롭고 의롭게 살게 하소서.

토. † 너희 중에 이 마음을 품으라 (빌 2:5)

나를 위하여
예수님을 보내신 하나님
내 삶이 예수님의 마음과
겸손을 닮게 하시고
내 삶의 믿음과 섬김도
예수님의 흔적을 따라 살게 하소서.
내가 사는 것과 죽는 것도
그리스도의 이름을 나타내며
내 삶을 변화시키는 본질과
목적이 되게 하소서.
오늘도 복음의 길에서
힘을 얻고 위로를 받게 하시며
성령 안에서 성도가 서로 교제하는
기쁨이 충만한 하루로 인도하여 주소서.

WEEK 25.

네가 네 하나님 여호와의 말씀을 청종하면 이 모든 복이
네게 임하여 네게 이르리니 성읍에서도 복을 받고 들에서도
복을 받을 것이며 네 몸의 자녀와 네 토지의 소산과
네 짐승의 새끼와 소와 양의 새끼가 복을 받을 것이며
네 광주리와 떡 반죽 그릇이 복을 받을 것이며
네가 들어와도 복을 받고 나가도 복을 받을 것이니라
(신명기 28장 2절~6절)

월. † 골수와 기름진 것을 (시 63:5)

나의 하나님
사람들은 마음을 둘 곳을 찾아
세상 속으로 들어가 보지만
욕망은 더 뜨거워지고
마음은 더 피폐해집니다.
가야 할 길을 잃은
사람들의 눈을 밝게 하시고
예수 그리스도의 보혈로 얻은
온전한 자유를 경험하게 하소서.
완전하신 사랑을 주님의 사랑을
찬양하는 은혜를 주시고
밤이 깊어지면
애타게 새벽빛을 소망하듯
주를 간절히 찾는 자가 되게 하소서.
오늘도 주님과 동행하는
삶의 감격을
넉넉히 누리게 하시고
주의 이름만 찬양하는
복된 하루가 되게 하소서.

화. † 여호와께서 너의 출입을 (시 121:8)

영원히 부르고 싶은
나의 주 나의 하나님
주님이 아니셨다면
어찌 존재하며
어찌 살아가리오.
주의 이름이
나의 도움
나의 피난처이심을 자랑합니다.
뙤약볕 광야에서도
그늘이 되시고
얼어붙은 땅에서도
훈풍이 되시는
나의 주 나의 하나님
오늘도
모든 위험으로부터 건져 주시고
내가 앉고 서는 것을
영원까지 지켜 주시며
누구도 나를 대적할 수 없는
복된 하루를 허락하여 주소서.

수. † 내가 문이니 (요 10:9)

선한 목자이신 예수님
내 삶이 예수 그리스도의 성품을
닮아 가는 일상이 되게 하시고
예수님을 따라가는 복음의 길이
이웃에게도 축복의 통로가 되게 하소서.
먼 곳에서 들리는
목자의 음성도 구별하는
예민함을 주시고
도둑과 강도의 속임수를
알아채는 분별력도 주소서.
오늘도 예수님과 함께
구원을 온전히 이루어 가는
하루가 되게 하시고
예수님으로 인하여
내 삶의 은혜가 더 풍성하게 하소서.

목. † 천지는 없어질지언정 (마 24:35)

약속의 주인이신 하나님
사랑하시고 기뻐하시는 아들을
나를 위하여 보내셨음을
날마다 자랑하게 하소서.
나를 위하여 아버지께로 가시고
나를 위하여 다시 오실 나의 주
예수 그리스도의 보혈의 사랑을
고백하고 선포하게 하소서.
세대와 세대가 나라와 나라가 사라지고
땅과 바다와 산들이 무너져도
하나님의 말씀은 영원하시니
하나님의 나라를 향하여
확신하는 믿음으로 전진하게 하소서.
하나님의 나팔 소리가
천지를 울리는 그날그날에
나의 이름이 불릴 것을 믿고서
오늘도 그날을 위하여 깨어서 기도하게 하시고
또 나를 통하여 이루실 약속을 기대하며
소망의 닻을 올리는 복된 하루가 되게 하소서.

금. † 모든 성경은 하나님의 감동으로 (딤후 3:16)

자비로우신 하나님
늘 말씀 안에 서게 하소서.
내 삶의 중심이 되게 하시고
내가 가는 길의 빛이 되어 주소서.
말씀으로 깨닫는 은혜와
지혜가 풍성하게 하시고
복음의 선한 열매를 위하여
바르게 섬기는 자로 자라게 하소서.
날마다 말씀을 읽고 듣게 하시고
가르침을 배우고 익혀서
복음을 위한 아름다운 발로 쓰임받게 하소서.
오늘도 말씀을 의지하여
때를 분별하는 능력을 구하고
그리스도 예수를 믿는 믿음에
부요한 자가 되게 하소서.

토. † 일의 결국을 다 들었으니 (전 12:13)

전능하신 하나님
하나님만 공경하고 두려워하며
오직 하나님만 섬기는 삶을 살게 하소서.
하나님의 영이
나의 마음속에 역사하시는 은혜가
충만한 삶으로 인도하여 주시고
날마다 구원의 은혜에 감사하며 찬송하는
삶이 되게 하소서.
집으로 돌아갈 시간이 오기 전에
예배의 거룩함을 아는 겸손함과
하나님의 뜻을 분별하는
능력을 위하여 기도하게 하소서.
오늘도 선으로 악을 이기고
겸손한 자세로
하나님의 선을 사모하며
그리스도인의 본분을 다하는
복된 하루가 되게 하소서.

WEEK 26.

여호와께 감사하라 그는 선하시며
그의 인자하심이 영원함이로다
(역대상 16장 34절)

월. † 오직 주의 말씀은 (벧전 1:25)

창세전에 이미 나를
택하시기로 계획하신 하나님
구원과 영생의 선물을 주시고
삶의 고비마다 넘치는 사랑과
은혜로 채워 주셨음을 고백합니다.
악한 자들의 계략을
뛰어넘는 지혜를 주시고
세상 앞에서 비굴하지 않도록
바르고 곧은길로 인도하신
높으신 이름을 자랑합니다.
삶의 현장에 찾아와 주시고
믿음의 증거들을 발견하게 하시며
안개처럼 사라질 인생에게
하늘의 소망을 기대하는 삶을 허락하신
주의 이름을 찬양합니다.
오늘도 복음의 능력으로
세속에 물들지 않게 하시고
성령의 은혜로
연약한 이웃을 긍휼히 여기는
복된 자리에 서게 하소서.

화. † 풀은 마르고 꽃은 시드나 (사 40:8)

전능하신 하나님
사람이 만들어 낸 완벽한 사상이나
언어의 아름다운 몸짓
시의 운율도
시대에 따라 변하여 무너지고
또 다른 지식이 다시 세워지고
다시 무너짐을 반복하지만
하나님의 말씀은
언제나 살아서 역사를 이루시고
또 그 현장에 나를 세우시며
크신 지혜로 깨달아 알게 하심을
믿음으로 믿고 선포합니다.
누가 바닷물의 무게를 달며
뼘으로 하늘을 재겠습니까.
하늘을 향하여 치솟는 수백 층의 건물도
또 다른 별을 찾아 날아가는
우주선의 위용도
하나님 앞에서는
저울 위의 티끌에 지나지 않음을
깨달아 알게 하시고
온 세계를 창조하신
하나님의 위엄을 찬양하게 하소서.

오늘도 천지를 운행하시는
하나님의 말씀으로
인생의 광야에서도 길을 보게 하시고
지치지도 피곤하지도 않을
새 힘을 공급받게 하소서.

수. † 너희는 말씀을 행하는 (약 1:22)

지혜의 본질이신 하나님
더 가지고 싶어서
더 높아지고 싶어서
악한 것을 탐하지 않게 하소서.
모든 은사와 선물은
하나님의 것이니
악한 욕심에 이끌리지 않도록
하나님께 지혜를 구하고
시련을 이겨 낸 후에 받을
영생의 선물을 소망하며
참고 인내하는 믿음으로 성장하게 하소서.
내 삶 가운데 있는 악한 것과
잘못된 것들을 다 버리게 하시고
하나님의 말씀을 듣고 삶이 변화되어
예수 그리스도의 복음을
삶으로 전하는 자가 되게 하소서.
오늘도
하나님께서 받으시는 경건을 사모하며
세상에 물들지 않도록
성령의 은혜를 따라 살게 하소서.

목. † 그러므로 이런 것에서 (딤후 2:21)

아버지 하나님
강하고 진실한 믿음을 구하여
세상의 변화를 두려워하지 않게 하소서.
받은 은사를 복음을 위하여
지혜롭게 사용하는 능력과
절제하는 마음을 주시고
주님께 인정받는 선한 사람이 되게 하소서.
나의 생각과 마음을
말씀의 거울에 비춰 보는
예민함을 주시고
스스로 낮추는 겸손과
악을 멀리하는 성숙한 믿음을
매일 새롭게 준비하게 하소서.
오늘도 내 영을 깨끗하게 지키고
주님이 찾으실 때 귀한 그릇으로
선한 일에 쓰임받게 하소서.

금. † 나를 기가 막힐 웅덩이와 (시 40:2)

전능하신 하나님
느닷없이 찾아오는 고난과
무작정 들이닥치는 질병으로부터
하나님의 은혜를 찾아 나선
저들을 붙들어 주시고
부르짖어 기도할 때에 찾아와 치유하여 주소서.
삶에서 만나는 위험과 고난은
하나님의 이름을 기억하지 않기를 바라고
더 깊은 웅덩이로 밀어 넣고 조롱하지만
여호와 나의 하나님은
질퍽거리는 수렁에서 건져 주시고
새 노래로 위로하시며
회복하여 주실 것을 확신하오니
오늘도
하나님이 허락하신 세상에서
내 영이 기뻐 노래하게 하시고
내 발이 자유를 맛보며
내 귀가 주의 음성을 듣게 하소서.

토. † 그의 귀를 내게 (시 116:2)

사랑합니다 하나님.
날마다 기적을 보게 하시고
내게 복 주시기를 원하시며
영원한 소망을 주신 하나님을 사랑합니다.
작은 순종에도 기뻐하시고
홀로 있을 때 찾아오시며
마음이 시릴 때 친구가 되어 주신
하나님을 사랑합니다.
살아가는 동안 동행하여 주시며
내 목소리를 아시고 내가 부를 때에 들으시는
하나님을 사랑합니다.
나를 불쌍히 여기시고 선을 베푸시며
악에게 지지 않도록 지혜와 능력을 주시는
나의 하나님을 사랑합니다.
오늘도 기도합니다.
내 영혼을 살리시며
나와의 약속을 이루시며
감사와 찬양으로 하나님께 영광 돌리는
하루로 인도하여 주소서. 아멘!!